故宮

博物院藏文物珍品全集

故宮博物院藏文物珍品全集

名碑十品

主編：施安昌

商務印書館

名碑十品

Ten Famous Stone Inscriptions

故宮博物院藏文物珍品全集

The Complete Collection of Treasures of the Palace Museum

主　　編：施安昌
副 主 編：許國平
編　　委：尹一梅　王　禕
攝　　影：趙　山　劉志崗　馮　輝　劉明傑

出 版 人：陳萬雄
編輯顧問：吳　空
責任編輯：段國強
出　　版：商務印書館（香港）有限公司
香港筲箕灣耀興道 3 號東滙廣場 8 樓
http: //www.commercialpress.com.hk
發　　行：香港聯合書刊物流有限公司
香港新界大埔汀麗路 36 號中華商務印刷大廈 3 字樓
製　　版：深圳中華商務聯合印刷有限公司
深圳市龍崗區平湖鎮春湖工業區中華商務印刷大廈
印　　刷：深圳中華商務聯合印刷有限公司
深圳市龍崗區平湖鎮春湖工業區中華商務印刷大廈
版　　次：2006 年 12 月第 1 版第 1 次印刷

ISBN 13 - 978 962 07 5508 8
ISBN 10 - 962 07 5508 1

All inquiries should be directed to:
The Commercial Press (Hong Kong) Ltd.
8/F., Eastern Central Plaza, 3 Yiu Hing Road, Shau Kei Wan, Hong Kong.

故宮博物院藏文物珍品全集

總序

楊新

故宮博物院是在明、清兩代皇宮的基礎上建立起來的國家博物館，位於北京市中心，佔地七十二萬平方米，收藏文物近百萬件。

公元一四〇六年，明代永樂皇帝朱棣下詔將北平升為北京，翌年即在元代舊宮的基址上，開始大規模營造新的宮殿。公元一四二〇年宮殿落成，稱紫禁城，正式遷都北京。公元一六四四年，清王朝取代明帝國統治，仍建都北京，居住在紫禁城內。按古老的禮制，紫禁城內分前朝、後寢兩大部分。前朝包括太和、中和、保和三大殿，輔以文華、武英兩殿。後寢包括乾清、交泰、坤寧三宮及東、西六宮等，總稱內廷。明、清兩代，從永樂皇帝朱棣至末代皇帝溥儀，共有二十四位皇帝及其后妃都居住在這裏。一九一一年孫中山領導的「辛亥革命」，推翻了清王朝統治，結束了兩千餘年的封建帝制。一九一四年，北洋政府將瀋陽故宮和承德避暑山莊的部分文物移來，在紫禁城內前朝部分成立古物陳列所。一九二四年，溥儀被逐出內廷，紫禁城後半部分於一九二五年建成故宮博物院。

歷代以來，皇帝們都自稱為「天子」。「普天之下，莫非王土；率土之濱，莫非王臣」（《詩經．小雅．北山》），他們把全國的土地和人民視作自己的財產。因此在宮廷內，不但匯集了從全國各地進貢來的各種歷史文化藝術精品和奇珍異寶，而且也集中了全國最優秀的藝術家和匠師，創造新的文化藝術品。中間雖屢經改朝換代，宮廷中的收藏損失無法估計，但是，由於中國的國土遼闊，歷史悠久，人民富於創造，文物散而復聚。清代繼承明代宮廷遺產，到乾隆時期，宮廷中收藏之富，超過了以往任何時代。到清代末年，英法聯軍、八國聯軍兩度侵入北京，橫燒劫掠，文物損失散佚殆不少。溥儀居內廷時，以賞賜、送禮等名義將文物盜出宮外，手下人亦效其尤，至一九二三年中正殿大火，清宮文物再次遭到嚴重損失。儘管如此，清宮的收藏仍然可觀。在故宮博物院籌備建立時，由「辦理清室善後委員會」對其所藏進行了清點，事竣後整理刊印出《故宮物品點查報告》共六編二十八冊，

計有文物一百一十七萬餘件（套）。一九四七年底，古物陳列所併入故宮博物院，其文物同時亦歸故宮博物院收藏管理。

二次大戰期間，為了保護故宮文物不至遭到日本侵略者的掠奪和戰火的毀滅，故宮博物院從大量的藏品中檢選出器物、書畫、圖書、檔案共計一萬三千四百二十七箱又六十四包，分五批運至上海和南京，後又輾轉流散到川、黔各地。抗日戰爭勝利以後，文物復又運回南京。隨着國內政治形勢的變化，在南京的文物又有二千九百七十二箱於一九四八年底至一九四九年被運往台灣，五〇年代南京文物大部分運返北京，尚有二千二百一十一箱至今仍存放在故宮博物院於南京建造的庫房中。

中華人民共和國成立以後，故宮博物院的體制有所變化，根據當時上級的有關指令，原宮廷中收藏圖書中的一部分，被調撥到北京圖書館，而檔案文獻，則另成立了「中國第一歷史檔案館」負責收藏保管。

五〇至六〇年代，故宮博物院對北京本院的文物重新進行了清理核對，按新的觀念，把過去劃分「器物」和書畫類的才被編入文物的範疇，凡屬於清宮舊藏的，均給予「故」字編號，計有七十一萬一千三百三十八件，其中從過去未被登記的「物品」堆中發現一千二百餘件。作為國家最大博物館，故宮博物院肩負有蒐藏保護流散在社會上珍貴文物的責任。一九四九年以後，通過收購、調撥、交換和接受捐贈等渠道以豐富館藏。凡屬新入藏的，均給予「新」字編號，截至一九九四年底，計有二十二萬二千九百二十件。

這近百萬件文物，蘊藏着中華民族文化藝術極其豐富的史料。其遠自原始社會、商、周、秦、漢，經魏、晉、南北朝、隋、唐，歷五代兩宋、元、明，而至於清代和近世。歷朝歷代，均有佳品，從未有間斷。其文物品類，一應俱有，有青銅、玉器、陶瓷、碑刻造像、法書名畫、印璽、漆器、琺瑯、絲織刺繡、竹木牙骨雕刻、金銀器皿、文房珍玩、鐘錶、珠翠首飾、家具以及其他歷史文物等等。每一品種，又自成歷史系列。可以說這是一座巨大的東方文化藝術寶庫，不但集中反映了中華民族數千年文化藝術的歷史發展，凝聚着中國人民巨大的精神力量，同時它也是人類文明進步不可缺少的組成元素。

開發這座寶庫，弘揚民族文化傳統，為社會提供了解和研究這一傳統的可信史料，是故宮博物院的重要任務之一。過去我院曾經通過編輯出版各種圖書、畫冊、刊物，為提供這方面資料作了不少工作，在社會上產生了廣泛的影響，對於推動各科學術的深入研究起到了良好的作用。但是，一種全面而系統地介紹故宮文物以一窺全豹的出版物，由於種種原因，尚未來得及進行。今天，隨着社會的物質生活的提高，和中外文化交流的頻繁往來，無論是中國還是西方，人們越來越多地注意到故宮。學者專家們，無論是專門研究中國的文化歷史，還是從事於東、西方文化的對比研究，也都希望從故宮的藏品中發掘資料，以探索人類文明發展的奧秘。因此，我們決定與香港商務印書館共同努力，合作出版一套全面系統地反映故宮文物收藏的大型圖冊。

要想無一遺漏將近百萬件文物全都出版，我想在近數十年內是不可能的。因此我們在考慮到社會需要的同時，不能不採取精選的辦法，百裏挑一，將那些最具典型和代表性的文物集中起來，約有一萬二千餘件，分成六十卷出版，故名《故宮博物院藏文物珍品全集》。這需要八至十年時間才能完成，可以説是一項跨世紀的工程。六十卷的體例，我們採取按文物分類的方法進行編排，但是不囿於這一方法。例如其中一些與宮廷歷史、典章制度及日常生活有直接關係的文物，則採用特定主題的編輯方法。這部分是最具有宮廷特色的文物，以往常被人們所忽視，而在學術研究深入發展的今天，卻越來越顯示出其重要歷史價值。另外，對某一類數量較多的文物，例如繪畫和陶瓷，則採用每一卷或幾卷具有相對獨立和完整的編排方法，以便於讀者的需要和選購。

如此浩大的工程，其任務是艱巨的。為此我們動員了全院的文物研究者一道工作。由院內老一輩專家和聘請院外若干著名學者為顧問作指導，使這套大型圖冊的科學性、資料性和觀賞性相結合得盡可能地完善完美。但是，由於我們的力量有限，主要任務由中、青年人承擔，其中的錯誤和不足在所難免，因此當我們剛剛開始進行這一工作時，誠懇地希望得到各方面的批評指正和建設性意見，使以後的各卷，能達到更理想之目的。

感謝香港商務印書館的忠誠合作！感謝所有支持和鼓勵我們進行這一事業的人們！

一九九五年八月三十日於燈下

目錄

文物目錄

導言

施安昌

清代末年，敦煌莫高窟發現了四種古代碑刻拓本：唐歐陽詢書《化度寺邕禪師舍利塔》、唐太宗撰書《溫泉銘》、唐柳公權書《金剛般若波羅蜜經》和無名氏書《佛說大悲陀羅尼經》。作為唐拓或傳世孤本，這些拓本的歷史價值與書法價值自不待言。一九一六年羅振玉獲得這些拓本的部分照片之後，影印刊出，書名《墨林星鳳》，以彰顯其珍貴價值。本卷所收的十種碑帖拓本，是從故宮名拓精選而來，同樣堪稱「墨林星鳳」。因為它們不是一般的珍品，而是存世稀少的，有很高文化價值的，傳拓時代極早，拓工精良的原石拓本。其中包含了五個標準：第一，必是從原碑或原帖上拓下來的；第二，在同一種碑的拓本中應是極早的拓本；第三，拓工精良；第四，具有重要的文化價值（主要就書法而言）；第五，已是稀有之物。

十種碑拓在張彥生先生《善本碑帖錄》和馬子雲先生《石刻見聞錄》中都有記載，認為是同碑善本中的上品。兩位作者皆是當代鑒碑家之翹楚。

這裏只談三個問題：原石本與重刻、翻刻本的區別，拓本的斷代和考據，題跋對於理解和欣賞碑拓的作用等。

原石本和重刻、翻刻本

石刻年代久遠，由於自然的或人為的緣故，石刻損壞或者遺失很多。於是人們重刻一碑，重刻時以原石的舊拓善本為依據，將銘文損泐處描補完好，有的還附題跋申明原委。重刻者必是被世人看重的碑帖，有的重刻還不止一次，不止一地。如秦《嶧山刻石》唐時已毀，北宋鄭文寶根據南唐徐鉉摹寫本重刻於長安。後來紹興、浦江、應天府、鄒縣、蜀中均有重刻。唐人李陽冰篆書《縉雲縣城隍廟記》，宋宣和五年（一一二三）周明再刻，附題刻曰：「昨緣寇攘，殘缺斷裂，殆不可讀。偶得紙本於民間，遂命工重勒諸石，庶廣其傳，亦是以使其不朽也。」原石與重刻顯然有很大不同，後代人摹前人書往往

是形具神失，相距越遠越明顯。摹刻唐以後人書跡相對地容易接近，摹唐以前人書就非常難，這是歷來書法家、鑒賞家體會到的道理。故世重原刻而輕重刻。然而，三代、秦漢銘刻，後代依摹本復刻使之流傳，亦足珍重，收入本卷的元代重刻戰國《詛楚文》（圖2）即為一種。

原石尚在，而依據早拓本另刻一石，拓出來後冒充原石拓本，即為翻刻。重刻是依舊拓另刻一完好的新碑，翻刻則有意模倣舊拓上面的損泐之處。被翻的碑版往往是地處邊遠，捶拓不易，善拓名貴，遂出翻本。翻刻與重刻的原因、目的和方式都不同。翻刻比重刻多得多。如唐歐陽詢書《九成宮醴泉銘》，所見翻刻十幾種，其中較好者以南宋拓為底本，從更早拓本翻出者少見。清代乾（隆）、嘉（慶）以後龍門造像倍受推崇，翻刻也成風氣。翻刻與原刻總有不同之處，首先字神差矣，再者石花死板，至於粗製濫造者連字句都會有錯誤。

傳拓的時代與考據

同一碑的拓本，早拓本比晚拓本價值要高。判別拓本之早晚，主要根據拓本上文字損壞多少，也就是依據考據而定。

初刻碑帖，石面平滑，字口分明，銘文完整，初拓可貴而不易得。時隔一久，風雨剝蝕，人為損壞，其碑文漫漶，石表斑駁乃至石面脱落、石碑斷裂則是經常的事。因此早拓比晚拓某些字損泐程度輕，存字也多，這些字稱為「考據」，校碑方法由此而生。把同一種碑帖的幾個拓本放在一起，逐行、逐字、逐筆相互對校，注意其存字多少的不同，字外石花的變化，依據這些情況可大致定出拓本的先後和時代。

如本卷秦代《泰山刻石》（圖3）二十九字本是明時所拓，有明代北平許氏在碑上刻的跋文為證。原刻石清乾隆五年（一七四〇）被毁，嘉慶二十年（一八一五）再出現時石損失大半，只餘十字了。

東漢《禮器碑》（圖4），明早期拓本第八頁「於」字下有石花，但未泐連。第二十頁「絕思」之「絕」字末筆與下面之石花也未泐連。本卷所選拓本即屬這種情況，為明早期拓。「於」、「絕」既為考據字。至明末拓本，「於」、「絕」二字都與石花泐連，石損愈甚。

又如唐歐陽詢書《九成宮醴泉銘》，北宋早期拓本的考據，第五頁「鉅鹿」之「鹿」字未損；第八頁「竦闕高閣」之「闕」字，「長廊四起」之「四」字下半未泐；第九頁「雲霞蔽虧」之「霞蔽虧」三字未損；第十四頁「重譯來王」之「重」字未損；第十六頁「櫛風沐雨」之「櫛」字未損。而南宋拓本「長廊四起」之「四」字，和「雲霞蔽兮」四字已泐，「重譯來王」之「重」字已損，字畫已變細瘦。明中期此碑被剜，廿三行「雖休弗休」之「弗」字，誤剜作「匆」。因而更顯此拓本之珍貴。

題跋的旨趣

拓本上的各種題識是前人留下的非常重要的文字資料。中國金石學的開山之作北宋歐陽修的《集古錄》和稍後南宋趙明誠的《金石錄》，便是集古刻目錄及跋尾而成的書。同古代繪畫、法書上面的題識相比，碑帖題識又有自己的特點與複雜性，故申論之。

題識應包括以下幾類文字：

一、題簽，標明碑帖的名稱，立碑的時代和拓本的時代。寫在封面上的是外簽，封內附頁上的是內簽。外簽磨損或變舊之後，往往被內移，另寫外簽。重新裝治時也會換新簽。簽中有時留下書寫者的名款與年款。

二、題耑或引首，在前附頁上寫的大字碑名或贊語，如是手卷則寫於引首處。

三、題跋，附加在拓本前後或鑲邊上的記事、品評和考證的文字都可稱題跋。

四、觀款，僅記觀碑者姓名和觀碑時間、地點的文字。

五、批註，書於拓本周邊專對某處銘文加以說明的文字，如寫在墨拓上則用朱墨或泥金。

在上述五條之外，還有兩種後人在拓本上面添加的文字：一、釋文，對於草書或篆書碑帖，用泥金或朱墨以小楷註在字旁。

二、補文，對損缺或難辨之銘文加以補註，時常用雙鈎摹寫。

題寫涉及考證史事，辨析文字，品論書藝，說明流傳經過等等，是前人的見聞與心得，當然也含一些應酬之辭。它們對拓本斷代很有幫助，當然須先斷定題記及其印鑒可靠性否。

本卷各碑均收錄了各項題識，反映了拓本的考據及收藏情況。

《石鼓文》（圖1）第二鼓上，翁方綱批註說明這本石鼓在明朝的收藏者：「雲間孫克宏，字允直，雪居士，其別號也。善書，工分隸，官漢陽太守。此冊是其所藏舊本，惜用墨過濃耳。」孫克宏為明嘉靖至萬曆間人，上海松江人，畫家、收藏家，經其法眼應為善本。

翁方綱又批：「此鼓第九行第二字，當據此拓本以考之也。正展閱間，適得阮芸臺、張芑堂皆寄善本來，因識此。」

按：此言九行第二字「鱄」清晰，而阮、張寄來善本不及之。可見校碑的精細及其重要性。

《溫彥博碑》（圖8）後有陳慵和羅振玉跋，前者評歐碑書法的差異，後跋講拓工好壞對書法的影響，言皆中肯。陳慵跋：「古人云：歐若狂將，深入時或不利。此語殊不盡然。《醴泉銘》因奉敕書，極見精美，但世少善本，且椎拓既久，未免失真。《皇甫君碑》則寓神明於規矩之中，而字裏行間一種茂密之氣令人不可追撫。不善學者往往徒取其貌，至於尪羸傴促，遂為所累。」

羅振玉跋：「歐陽信本書碑中，《溫虞公碑》古拓尤罕覯，平生所見以葉東卿所藏宋拓（後入石渠者）為最佳。凡友朋所藏及寒齋所儲號宋拓者皆不及也。此本豐腴朗潤與天府本正同，而葉本稍細瘦，蓋施墨太重，此本氈墨得中，致判肥脊非有異也。惜此本但存完好之字四百餘，其稍殘損者皆剪棄為可憾也。往於京國陳弢庵太傅座上，曾見葉氏宋拓之歸天府者。今賓谷師又出示此本，眼福可謂不淺，敬識語於後以志忻幸。己未八月上虞羅振玉書於津沽寓齋之四時嘉至軒。」

本書收入的《瘞鶴銘》和《張猛龍碑》，一南一北，實南北朝書法傑構。啟功先生屢有評析：

「自拓本觀之，《瘞鶴銘》水激沙礱，鋒穎全禿，與張猛龍碑之點畫方嚴，一若絕無似處者。自書法結構觀之，兩刻相重之字若鶴字、禽字、浮字、天字等等，即或偏旁微有不同，而體勢毫無差異。乃知南北書派，籍使有所不同，固非有鴻溝之判者。今敦煌出現六朝寫經墨跡，南北經生遺跡不少，並未見涇渭之分，乃知阮元作『南北書派論』，多見其辭費耳。」

在談到《張猛龍碑》時說：「北朝碑率鐫刻粗略，遠遜唐碑。其不能詳傳毫鋒轉折之態處，反成其古樸生辣之致。此正北朝書人、石人意料所不及者。張猛龍碑於北碑中，較龍門造像，自屬工緻者，但視刁遵、敬顯雋等，又略見刀痕。惟其於書丹筆跡在有合有離之間，適得生熟甜辣味外之味，此所以可望而難追也。」（《論書絕句》）

以上所言不僅比較了兩者書風的同異，且有習書經驗。對「南北書派論」的批評，還點出了書法與刻石風化，書法與刀法工拙的關係，精於辨析，發明新義。

印鑒的作用

藏家常鈐蓋自家的圖章印記在碑帖拓本上。印文有「收藏」、「考藏」、「珍秘」者為收藏印，有「鑒賞」、「審定」或只有姓名、別號、齋堂室名者，就不一定是藏印，也許只是過眼欣賞者。拓本有著名金石家或收藏家的印鑒，自然可以顯示出它的可靠性與價值。印鑒往往集中在拓本的首尾兩開。有的收藏者在每開都留下印記，為的是散失後仍能知道出處。鑒藏者往往在拓本的考據字旁邊蓋印，這是拓本所特有的情況。

收入本卷的《九成宮醴泉銘》無一古人題跋。但印章甚多，其中最重要的是「駙馬都尉隴西李祺印」，李祺是明朝人，與安國、華夏、項元汴、朱之赤等收藏家齊名。又《石鼓文》上除有明代孫克宏印外，還有翁方綱、吳雲、陳眉公、張祖翼、楊守敬諸鑒家印，說明明清以來屢經法眼審定。

啟功先生曾講：「金石拓本亦有二類：其一類，拓石較早，字數偏多，上者可以助讀文詞，訂正史實；次者可誇揚珍異，炫詡收藏。其二類，則捶拓精到，紙墨調和。上者足助學書者判別刀鋒，推尋筆跡；次者亦足使披閱者悅目怡神，存精寓賞。此二類各有一當，但視用者之意何居耳。」（《啟功叢稿・舊拓〈瘞鶴銘〉跋》）本卷所收十碑不僅拓時甚早，而且捶拓精到，皆備兩類之美。

傳拓之事，石刻之學，由來古矣。拓本不僅僅有補證經史、賞習書法的用處。欣賞墨色斑斕的古拓，若能潛心體會紙墨間蘊含的悠悠古意，必可蕩滌心胸，俗慮盡除，開新天地。

圖版

1

明拓　石鼓文

戰國秦

頁縱二十八厘米　橫十五厘米　三十七頁

Inscriptions on drum-shaped stone blocks
Inscribed in Qin State, Warring States Period
Rubbings of Ming Dynasty
Mounted album of 37 leaves
Each leaf: 28 × 15cm

裱冊。後附元代潘迪書音訓二十開。有清代翁方綱、吳雲、張祖翼、楊守敬跋。

石鼓為十塊圓柱形巨石，每石高度與直徑均約六十七厘米（惟「作原」一鼓被鑿去一截），形狀若鼓，故名。每石各刻四言詩一首，名為：吾車、汧殹、田車、鑾車、霝雨、作原、而師、馬薦、吾水、吳人。其中「吾車」一首前兩句與《詩·小雅·車攻》前兩句相同。詩的內容記敘貴族遊獵，所以也稱「獵碣」。關於它的製作年代，歷來諸說不一，近代馬衡、郭沫若認為是戰國時秦國物。

石鼓的銘文居中，佈局講究，字距疏勻而無鬆散之弊。書體圓融渾勁，整肅端莊，字與石，字與詩渾然一體，極古樸典雅之美。唐張懷瓘《書斷》贊曰：「體象卓然，殊今異古。落落珠玉，飄飄纓組」，「折直勁迅，有如鏤鐵，而端姿旁逸，又婉潤焉。」這就無怪乎「虞（世南）、褚（遂良）、歐陽（詢）共稱古妙」了。

石鼓的發現與保存經歷曲折：唐初出土於天興縣（今陝西鳳翔）南二十里許。其名初不甚著，自韋應物、韓愈作《石鼓歌》以稱頌，而後大顯於世。宋代鄭餘慶遷鳳翔府夫子廟。經五代之亂曾散失。宋司馬池復輦置府學之門廡下。宋大觀（一一〇七—一一一〇）中自鳳翔遷於汴京（今開封）辟雍，後入保和殿。金人破宋（一一二七），輦歸燕京（今北京）國子監。抗日戰爭時期，將石鼓遷藏四川。一九五一年再回北京，入藏故宮博物院至今。

現存最早的石鼓文拓本是明代大收藏家安國十鼓齋中的三本宋代拓本，稱為「中權」、「先鋒」和「後勁」，現藏日本。此本為明早期拓本、明代孫克弘（號雪居士）舊藏，第二鼓「黃帛」二字未損，為存字較多的早期拓本，也是國內所知最早者。第八鼓已無存字。第九鼓應從第三十三頁開始。

鑒藏印記：「雪居士」、「映雪齋」、「漢陽太守章」、「翁方綱賞觀」、「覃谿」、「蘇齋墨緣」、「張公玉」、「吳雲平齋曾讀過」、「平齋考定金石文字之印」、「陳眉公」、「水香閣主人」、「乾坤一腐儒」、「咸豐丙辰黃氏所藏」、「黃荷汀秘篋印」等一佰三十餘方。

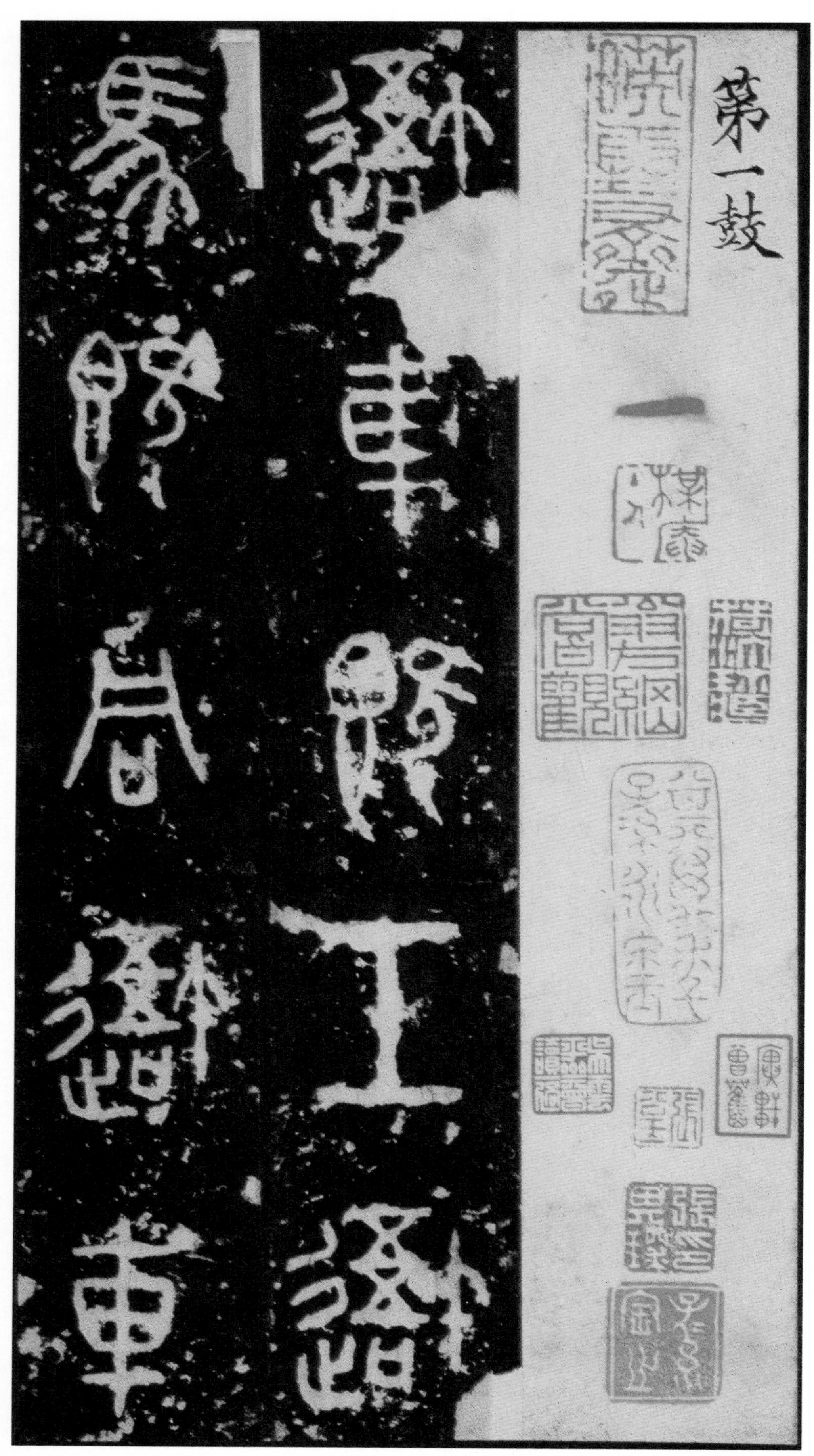

釋文：
一
吾車既工吾
馬既同吾車

既好吾馬既
騚君子員（員）邋（邋）
員斿麀速（速）

君子之求
角弓（弓）茲以寺
歐其特其

來趩（趩）鬒（鬒）即
吾即時麀鹿
速（速）其來大次

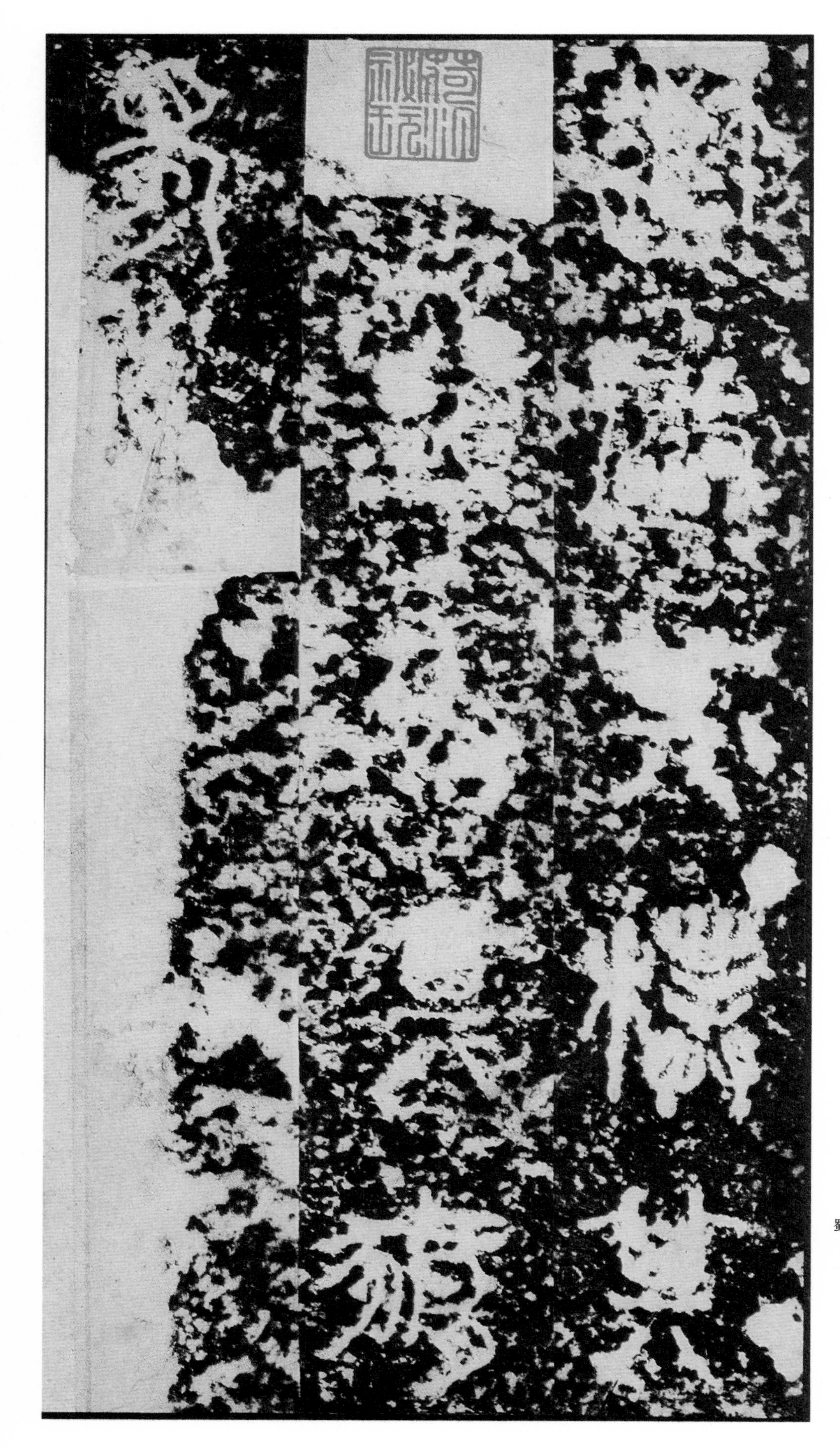

吾歐其樸其
遺射其猏
蜀

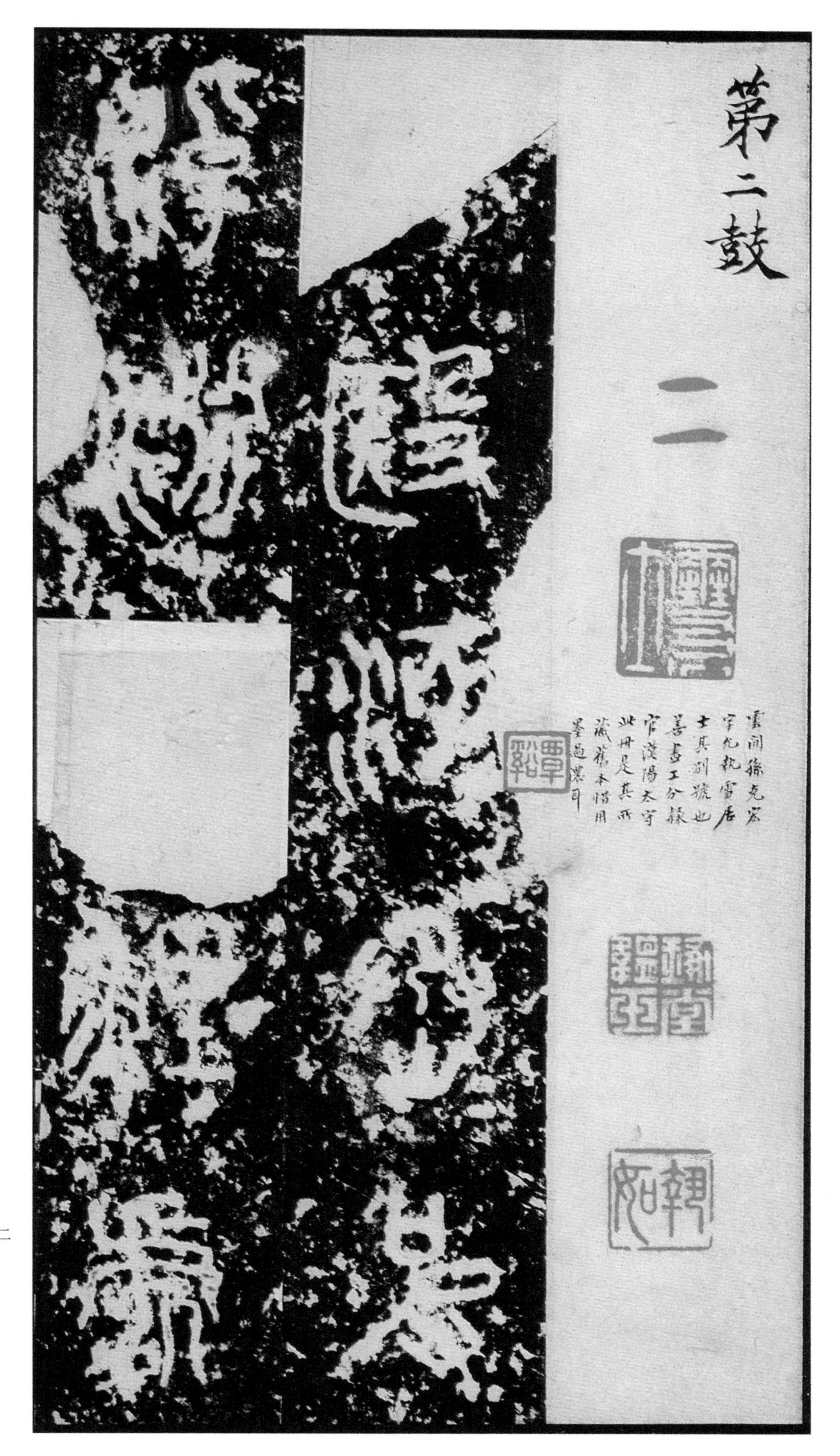

二
毆汧（汧）烝皮
淖淵鯉處

之君子之
灡又小魚其斿
帛魚皪（鱳）其

盞氏鮮黃帛
其鱮又鱄又
鮊其朔孔

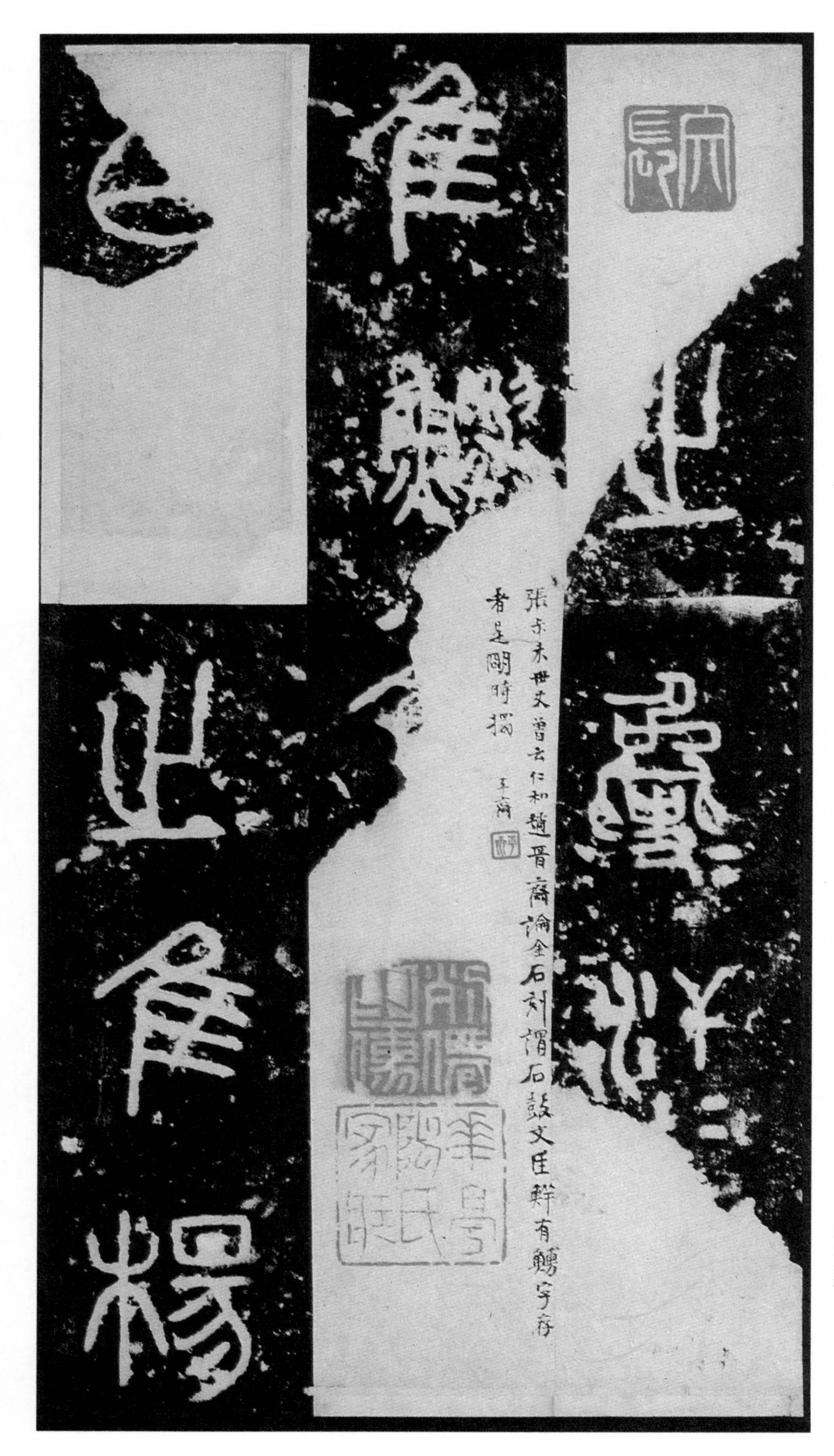

之隻（隻）汪（汪）
佳鱮
以之佳楊

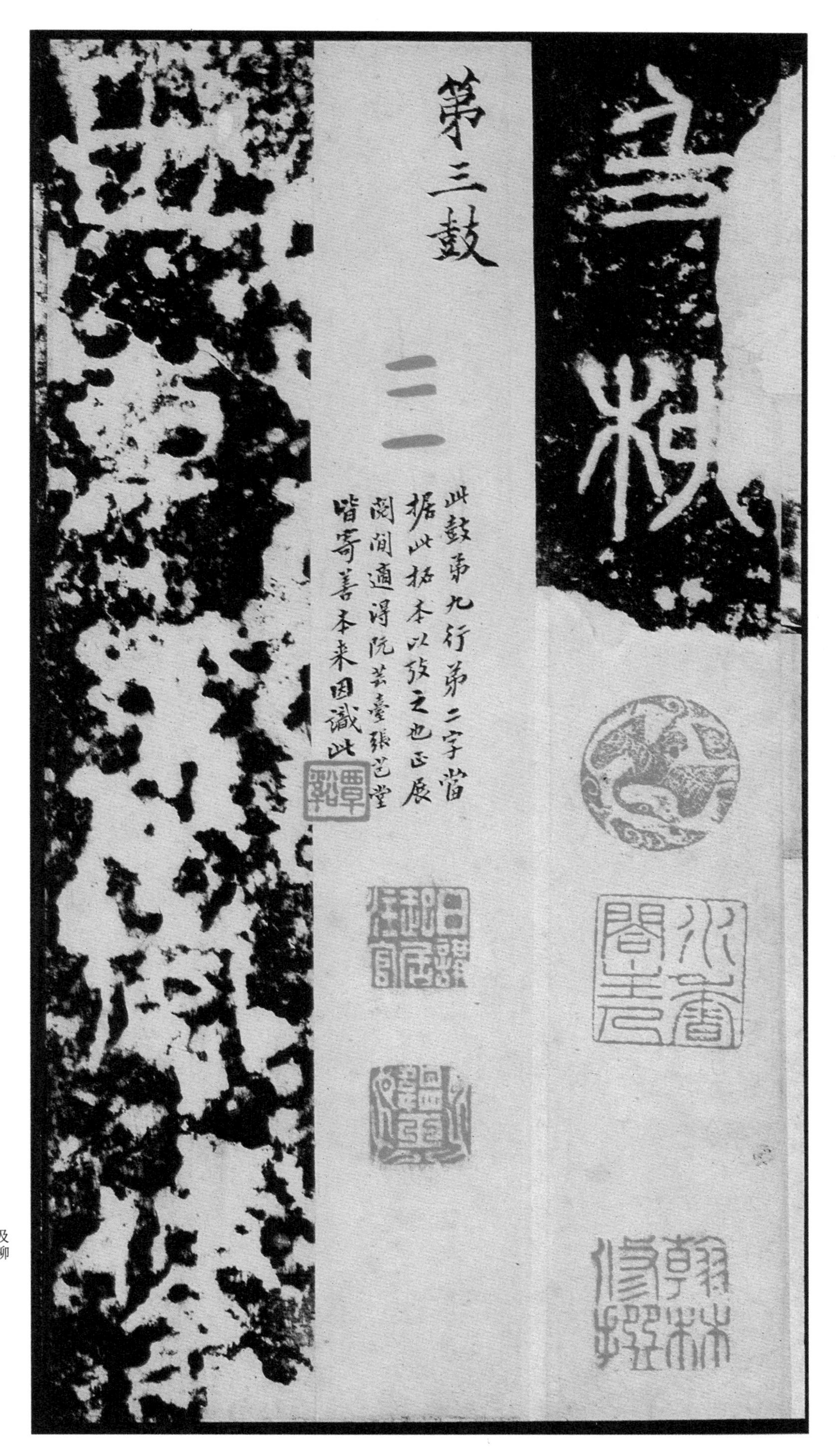

三
田車孔安鋈
及柳

勒馬（馬）四介既
簡左驂旛（旛）右
驂騝（騝）吾以陵

于原吾止
阹宮車其寫
秀弓寺射麋

豕孔庶麀鹿
雉兔其趩又
旃其𧍮夜

出各亞
昊執而
勿射多庶𢓰（𢓰）

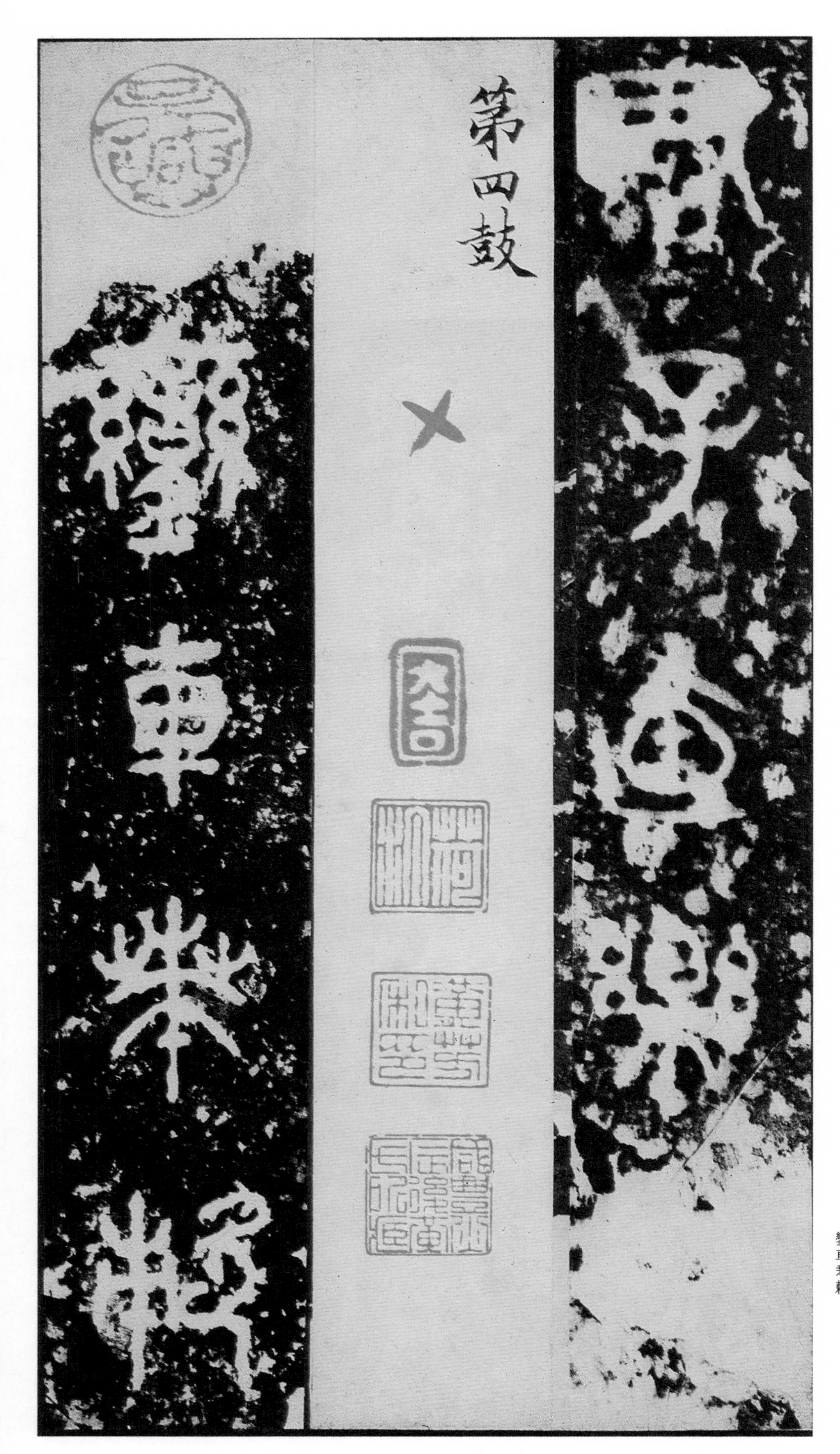

君子直樂

四

鑾車奉敕

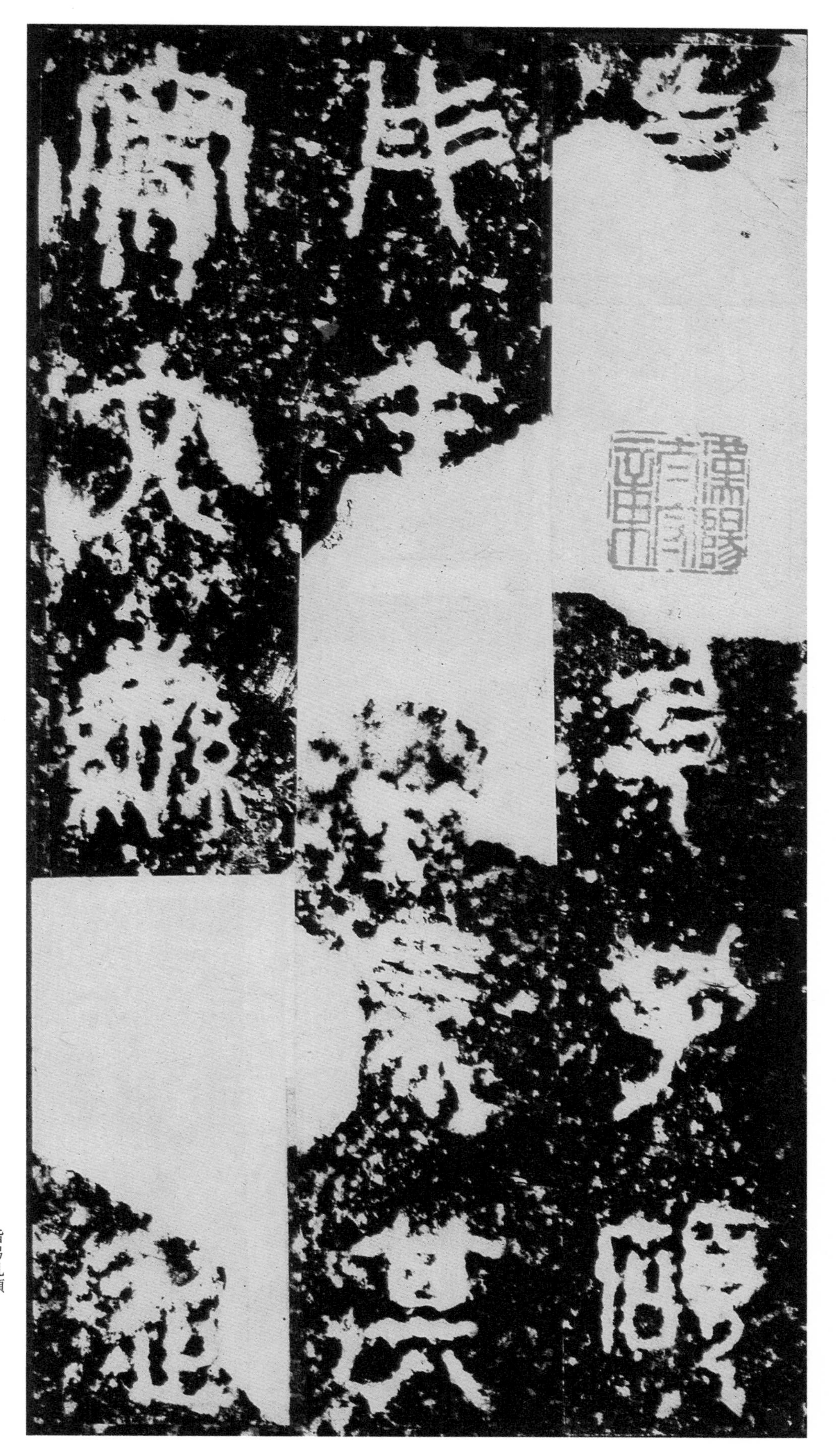

旨弓孔碩
彤矢四馬其
寫六轡徒

駸孔庶鄘宣
搏眚車飢衍
徒章原濕

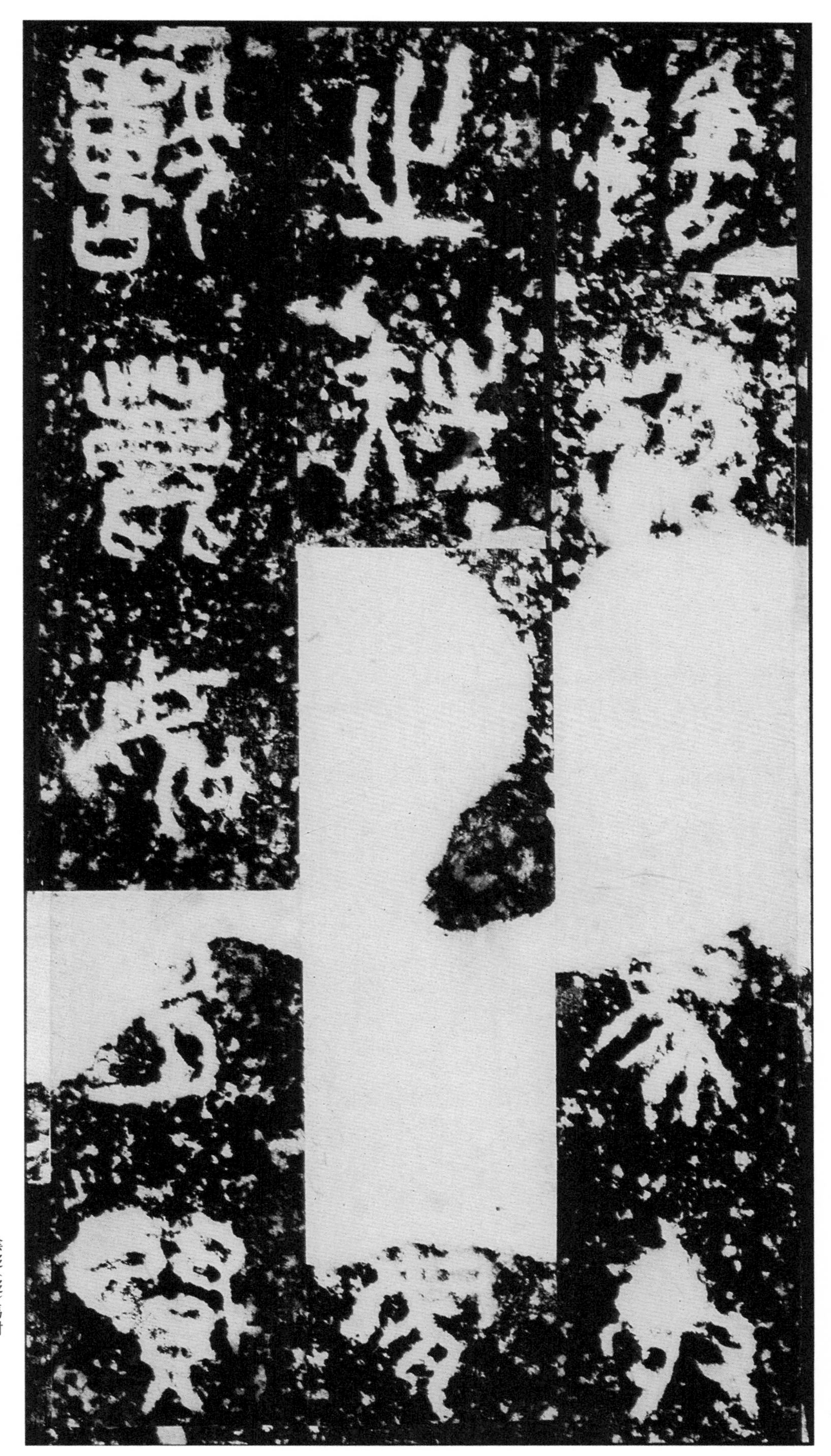

陰趍（趍）馬射
之㸙㸙虎
獸鹿如多賢

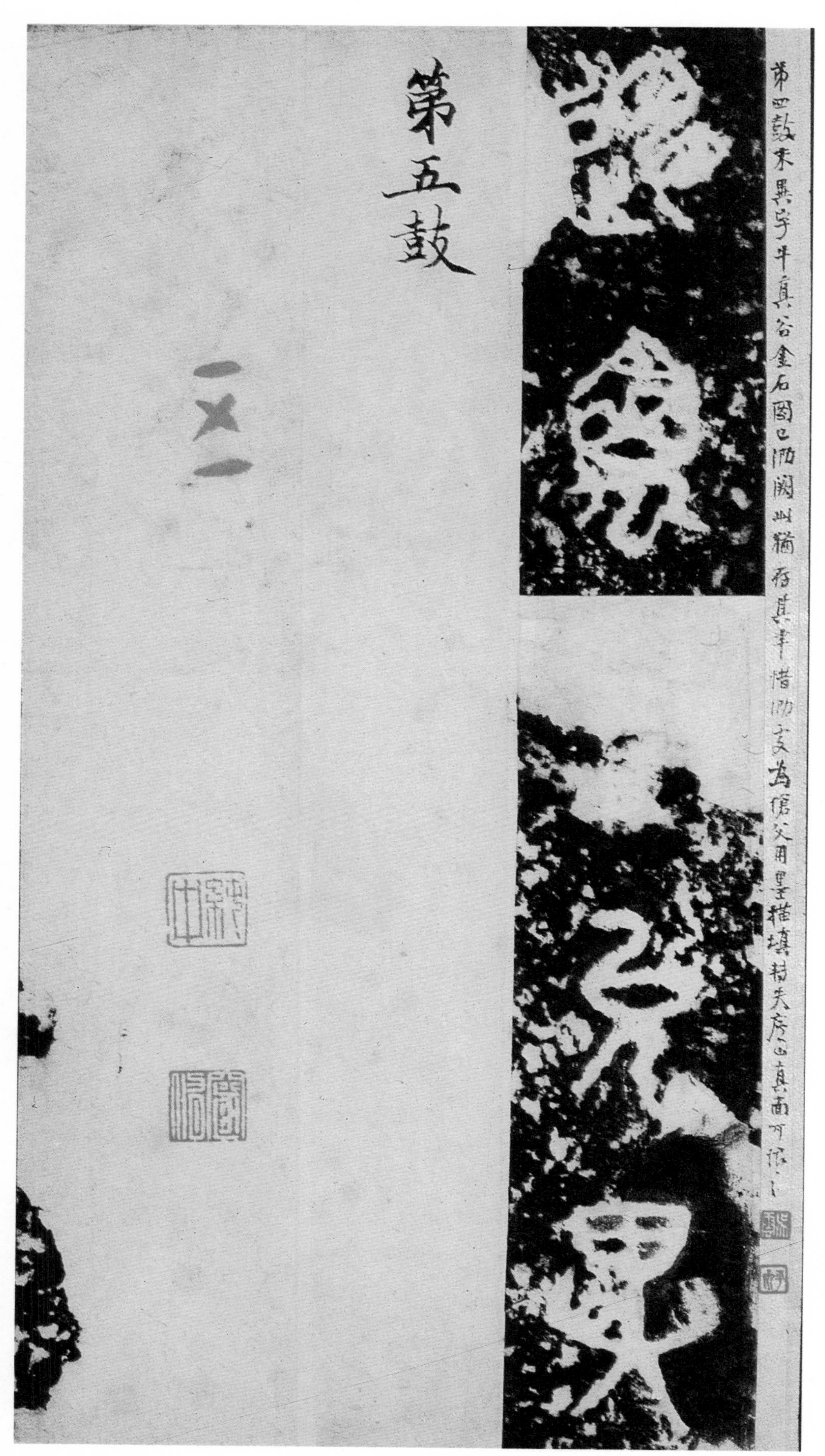

五　迪禽允異

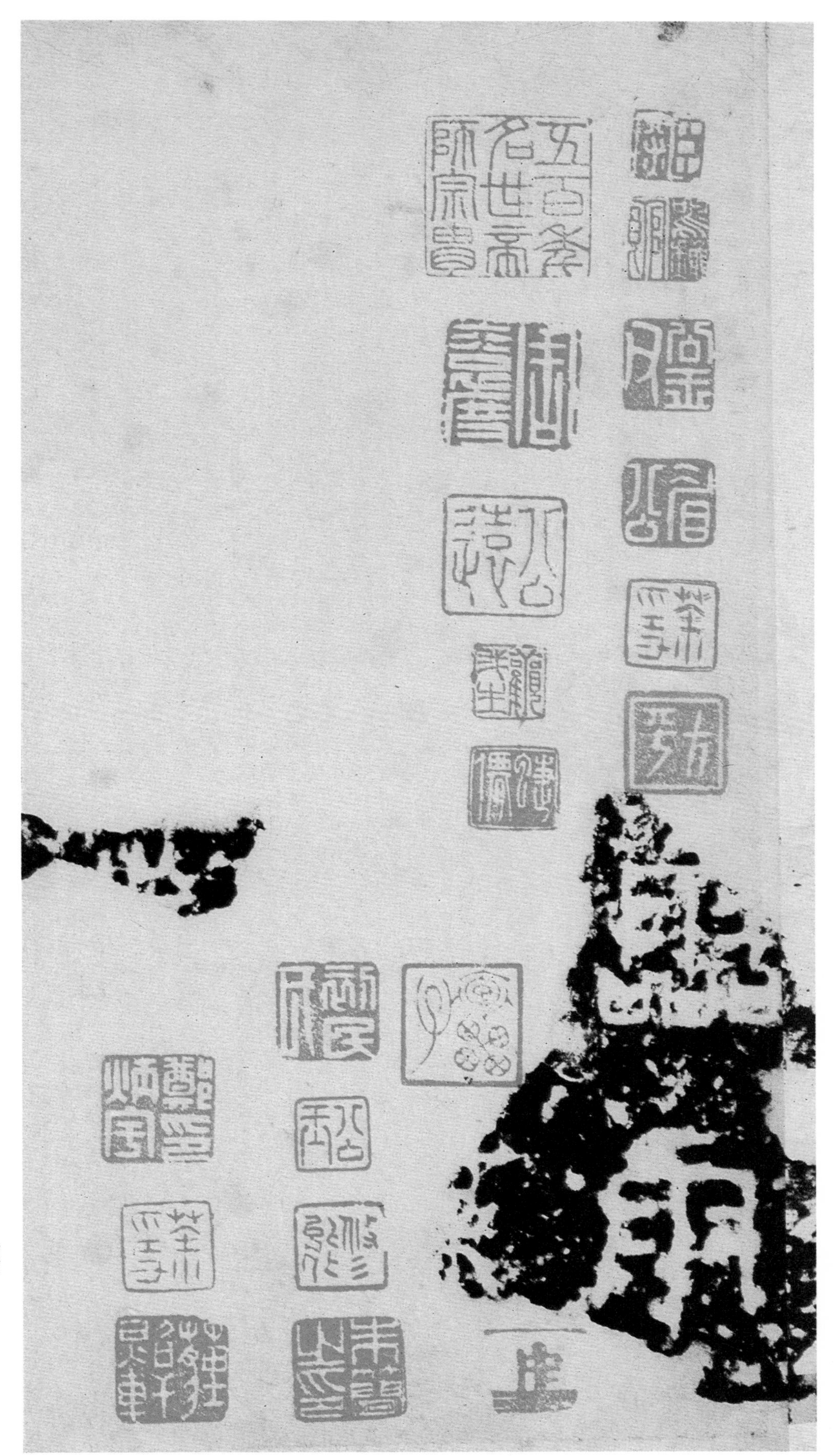

霝雨

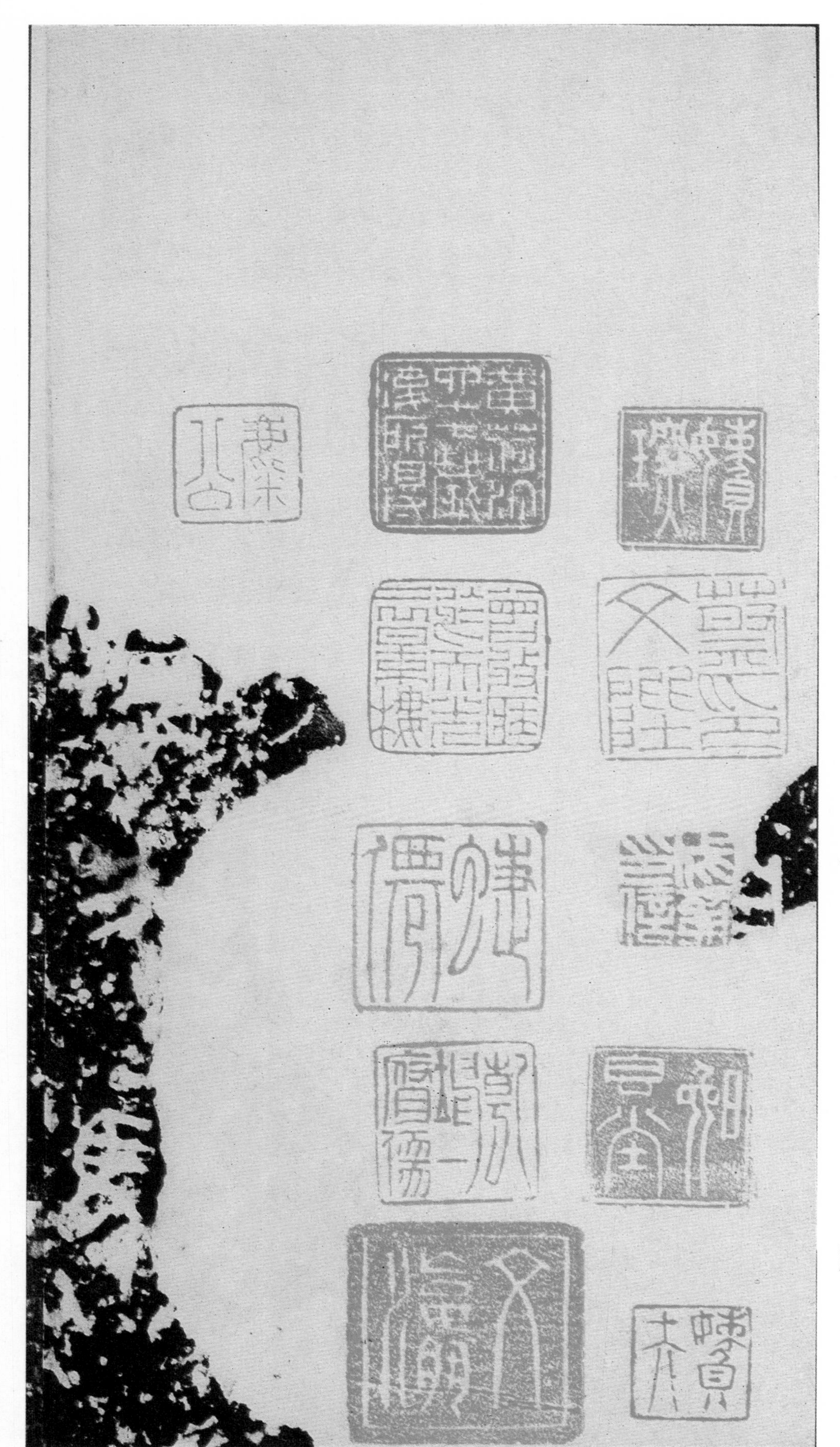

徒駿

以衍或
陽极深以
一方

六 其
奔

猷乍原乍導遄我嗣除帥皮阪

草為世里
微徴(徴)亶罟
栗柞棫其

櫰椺帀鳴
亞箬其華
為所斿斁

盩道二日封五日

七
是𢦏
具雈

來
天子

九
吾水既
道
既止嘉樹則

里天子永寍
隹丙申昱昱
吾其道

馬既迧敔
康（康）駕弇
左驂馬（馬）

騂(騂)⿰馬卜
母不四
翰霧

公謂大
金及如
朗不余

第十鼓

第八鼓了無一字 第九鼓悞裝在後 今已改正

第八鼓方綱以淡墨手拓首行尚微見丰字嘗以松江顧氏摹本證之益信

余家藏本第八鼓尚存數字當是至元己卯以前所搨也

癸亥秋日 識

但使殘年飽喫飯只願無事長相見 杜浣花語

丙寅春蔡文陞題

此丙寅是天啟六年陳眉公年六十九冊有雪居士印然眉公少於雪居廿六歲此題皆在孫漢陽收藏之後也 八翁方綱識

孫漢陽收藏又在前則此是二百年前搨本矣

用 十

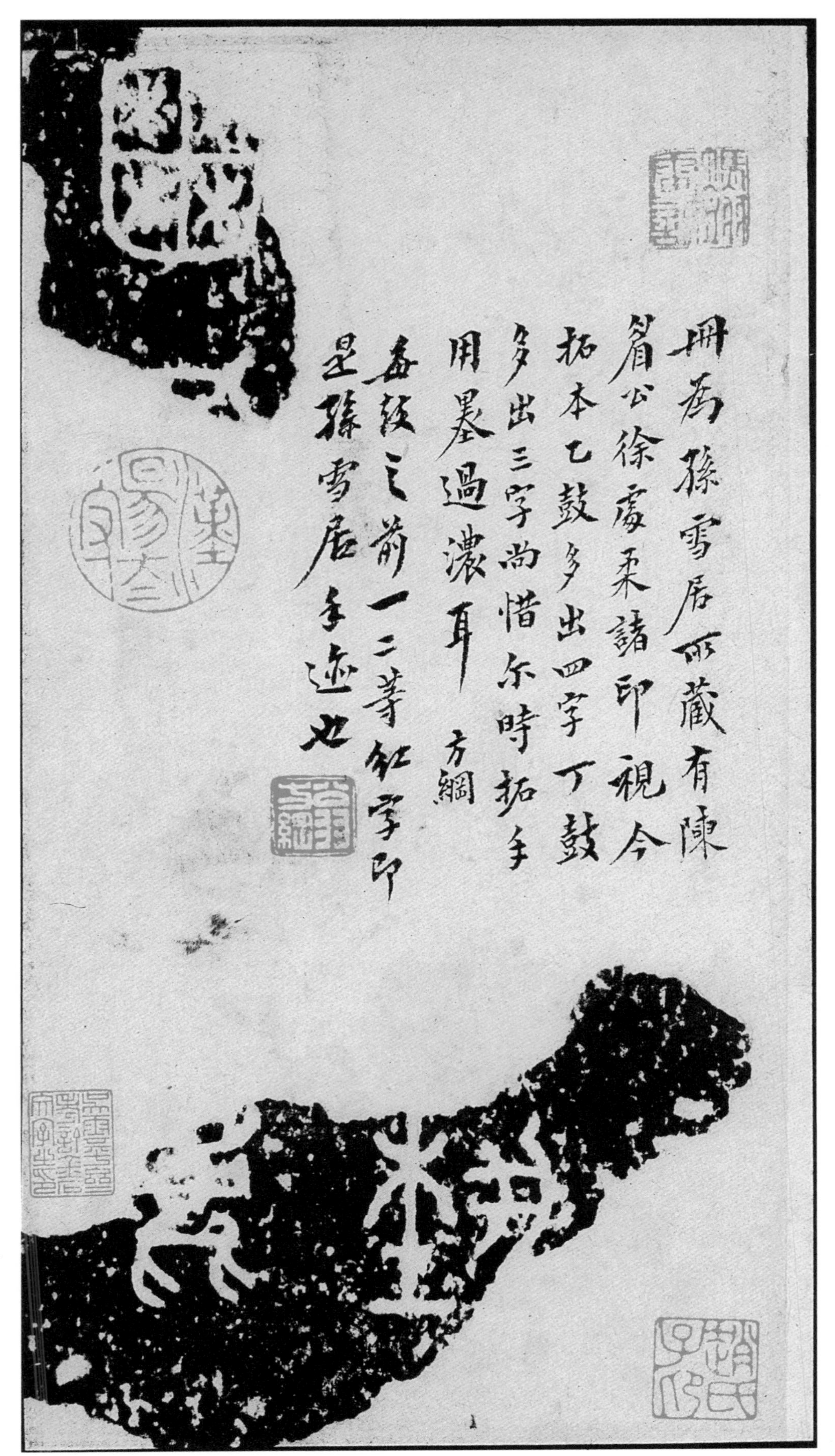
冊為孫雪居所藏有陳
眉公徐霞客諸印視今
拓本乙鼓多出四字丁鼓
多出三字尚惜尔時拓手
用墨過濃耳 方綱
每鼓之前一二等紅字印
是孫雪居手迹也

埶

囿鹿

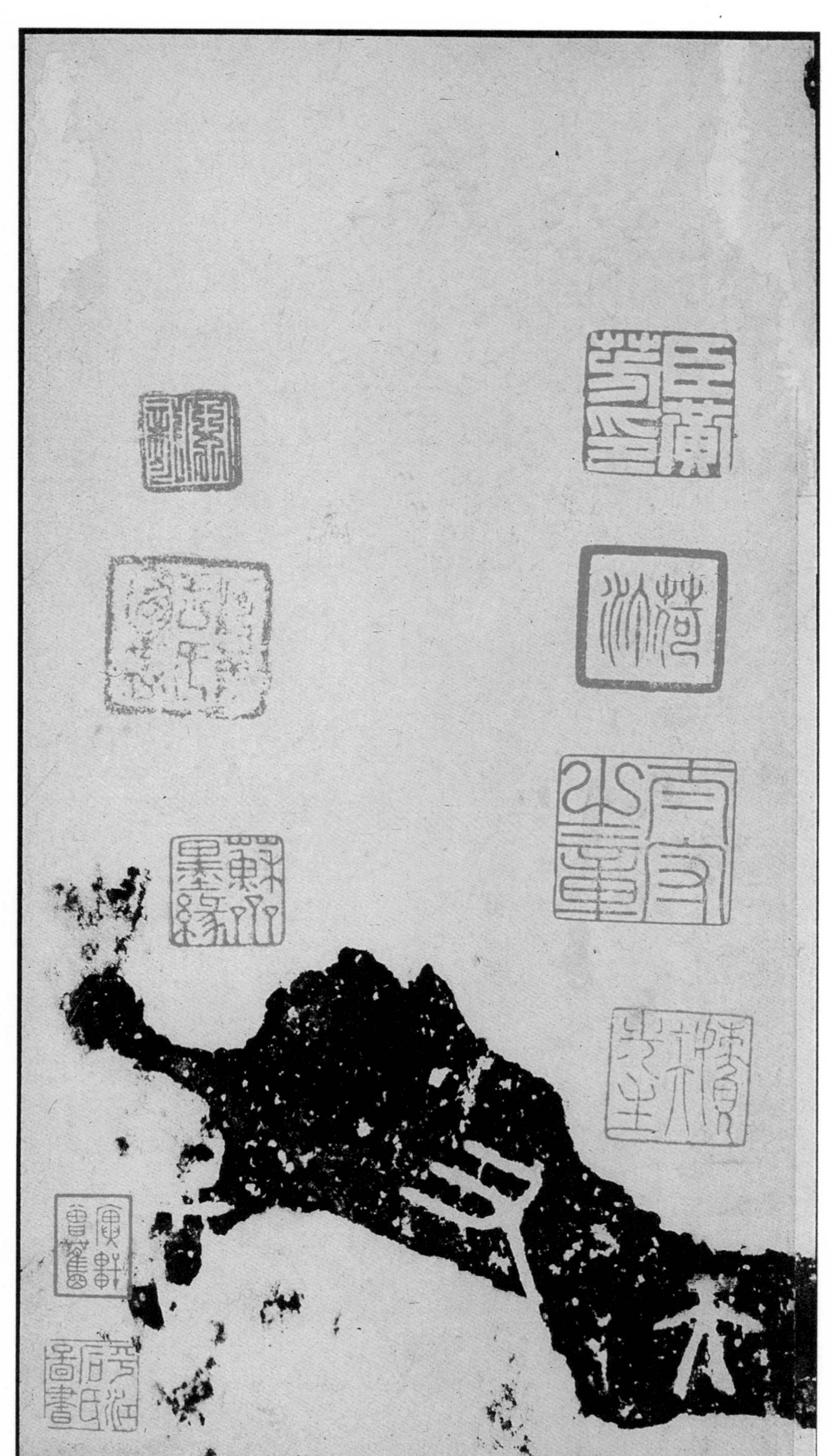

又大

2

元拓　詛楚文

戰國秦

開縱三十四．二厘米　橫四十．八厘米　九開

Inscriptions on "Curse Chu" stele

Inscribed in Qin State, Warring States Period

Rubbings of Yuan Dynasty

Mounted album of 9 separate sections

Each section: 34.2 × 40.8cm

元代至正年間（一三四一——一三六八）複刻本。包括湫淵（又稱大沈厥湫）、亞駝、巫咸各三開，合於一冊。每開十二行，每行十字，墨紙鑲邊托裱本。後附元至正十九年（一三五九）周伯琦、周伯溫的《詛楚文音釋》，以及歐陽修《秦祀巫咸神文》、蘇軾《詛楚文詩》、王柏《詛楚文辭並序》等篇詩文刻本。

《詛楚文》包括湫淵、亞駝、巫咸三石，刻於秦惠文王年間（前三三七—前三一一）。古代祈求鬼神加禍於敵對者的活動叫「詛祝」。秦惠文王與楚懷王爭霸，秦人乞求天神制剋楚兵，復其邊城，於是刻此三石。三石都以所祈神名命名，後人統稱為《詛楚文》。當時刻石或埋於土，或沉於水，至唐宋始被人發現。巫咸石發現於唐，著錄於《古文苑》，共三二六字。湫淵石發現於宋治平年間（一〇六四——一〇六七），共三一八字。亞駝石亦發現於宋，三二五字。現原石均已亡佚。

《詛楚文》字體為籀書，即大篆。筆畫圓勻細勁，起筆收筆出尖鋒，類似後世所謂「懸針篆」。宋趙明誠謂其：「文辭字札，奇古可喜。」清馮雲鵬亦曰：「詞言橫縱似國策，篆法淳古似鐘鼎。」其筆法圓暢，體態舒朗，工穩莊重，與《秦公鐘》、《秦公簋》和《宗婦盤》等秦國銅器銘文可以參比，既繼承了周王室書法體貌，又開秦代小篆的先聲。《詛楚文》一直為書家和古文字學家看重，引為戰國古文的例證。

此本雖為元代複刻，但原石早佚，此為存世孤本，濃墨精拓，故十分珍貴。後代摹寫三代書跡常常會失去淳厚的古意，有些文字結構還會被篡改，此本所摹尚存古意。今人容庚、郭沫若研究《詛楚文》均以此本為依據。

詛楚文

湫淵

又秦嗣王敢用吉玉宣璧
使其宗祝邵鼛布愍告于
不顯大神厥湫以底楚王

釋文：

詛楚文

湫淵

又秦嗣王敢用吉玉宣璧
使其宗祝邵鼛㫐愍告于
不(丕)顯大神久湫以底楚王
熊相之多辠(罪)昔我先君穆
公及楚成王是繆力同心
兩邦若壹絆以婚姻袗以
齋盟曰枼萬子孫毋相為
不利親卬(仰)大沈久湫而質
焉今楚王熊相康回無道
淫泆甚亂宣奓競從變輸(諭)

盟彩内之影巍焉不姑形
識字影幽彩新棧指圖其
朴乎寘香冥室櫝柏之中
外之影盲詭入心不思皇
天王帝多大冰入淵之令

盟剌內之則虣虐不姑刑
戮孕婦幽剌親戚拘圉其
叔父寘者冥室櫝棺之中
外之則冒改久心不畏皇
天上帝及大沈久湫之光
烈威神而兼倍十八世
詛盟率者侯之兵以臨加
我欲晰伐我社稷伐滅我
百姓求蔑法皇天上帝及
大神久湫之卹祠圭玉羲(犧)
牲遂取吾邊城新隍及鄀
長親吾不敢曰可今又悉

興其眾張矜意怒飾甲底
兵奮士盛師以偪吾邊競（境）
將欲復其䝟迹唯是秦邦
之羸眾敝賦鞹輸棧輿禮
使分老將之以自救毆亦
應受皇天上帝及大沈久
湫之幾靈德賜克劑（濟）楚師
且復略我邊城敢數楚王
熊相之倍盟犯詛箸者石
章以盟大神之威神

亞駝

又秦嗣王敢用吉玉宣璧

使其宗祝邵鼛布愍告于

丕顯大神亞駝以底楚王

熊相之多罪昔我先君穆

齋盟曰葉萬子孫毋相爲
不利親卬不顯大神巫咸
而質焉今楚王熊相康回
無道淫失甚亂宣侈競縱
變輸盟制內之則虣虐不

稷伐滅我百姓求蔑灋皇
天上帝及不顯大神亞駝
之卹祠圭玉犧牲述取吾
邊城新郢及於長敎吾不
敢曰可今又悉興其眾張

巫咸

有秦嗣王敢用吉玉宣璧

使其宗祝邵鼛布忠告于

丕顯大神巫咸以底楚王

熊相之多罪昔我先君穆

禋於咸若百神來衆憑皇
天上帝多不顯大福匡咸
土祀祠圭玉享牲述取落
修城新堅多紀新落不設
日可今式表與其衆徭險

意怒飾甲底兵奮士師以
逼吾邊競將欲復其凶迹
唯是秦邦之羸眾敝賦鞈
輸棧輿禮使介老將之以
自救殹亦應受皇天上帝

城敢數楚王熊相之倍盟
犯詛箸者石章以盟大神
之威神

秦祀巫咸神文 一作秦誓文

歐陽脩

右秦祀巫咸神文今流俗謂之詛楚文其言首述秦穆公與楚成王事遂及楚王熊相之罪按司馬遷史記世家自成王以後王名有熊良夫熊適熊槐熊元而無熊相據文言穆公與成王盟好而後云倍十八世之詛盟今以世家考之自成王十八世爲頃襄王而頃襄王名橫不名熊相又以秦本紀與世家參較自楚平王娶婦於秦昭王時吳伐楚而秦救之其後歷楚惠簡聲悼肅五王皆寂不與秦相接而宣王熊良夫時秦始侵楚至懷王熊槐頃襄王熊橫當秦惠文王及昭襄王時秦楚屢相攻伐則此文所載非懷王則頃襄王也而名皆不同又以十八世數之則當是頃襄然則相之名理不宜繆但史記或失之爾疑秘傳寫爲橫也

詛楚文詩

蘇子瞻

碑獲於開元寺土下今在太守便廳秦穆公葬於雍橐泉祈年觀下今墓在開元寺之東南數十步則寺豈祈年之故基耶淮南王遷於蜀至雍道病卒則雍非長安此乃古雍也

崢嶸開元寺髣髴祈年觀舊築掃成空古碑埋不爛詛書雖可讀字法嗟久換詞云秦嗣王敢使祝用瓚先君穆公世與楚約相捍質之於巫咸萬葉斯不叛今其後嗣王乃敢構多難刳胎殺無罪親族遭圉絆計其所稱訴何啻桀紂亂吾聞古秦俗面詐背不汗豈惟公子卬社鬼亦遭謾遼哉千歲後發我一笑粲

詛楚文辭 并序

王魯齋 柏

先秦之碑凡三有祀亞駝之文有祀大沈九湫之文有祀巫咸之文大抵皆詛楚也歐陽公以世家推之楚自成王十八世而至頃襄秦自穆公十八世而至惠文惠文末年嘗與楚數相侵伐疑此時所作予按秦指楚忘十八世之詛盟率諸侯之師臨加我其爲頃襄無疑秦自惠文始稱王不應自稱嗣王惠文之末當周慎靚王之三年楚固嘗率趙魏韓燕伐秦五國皆敗走乃楚懷王之初耳惠文不與楚頃襄相值也自是懷王數被秦兵絀以獻地而使與齊絕紿以會盟而刦執其君然後頃襄始立乃與秦昭襄同世槃然可稽豈集古録考之亦有時而疎乎古者出師必聲敵國之罪求祐于神如武王底商之罪于皇天后土所過名山大川是也詛楚之祀其遺風歟頃襄之時國尤不競今年失八城明年失十二城飲恨祈知逆婦于咸陽何敢率諸侯犯此氣燄方張之秦哉予嘗讀蘇氏之論曰昭王欺楚王而囚之要之割地諸侯熟視無敢以一言問秦者田文免相於秦幾不得脫歸而怨之借楚爲名兵至函谷秦人震恐割地講解自山東難秦未有若此之壯者此赧王十七年也司馬公通鑑失載後人幾不得而知詛楚者必此時乎秦之不道諸侯詛之蓋有不勝其罪者楚不詛秦而秦反詛之凡數其罪考其世家亦無其實豈有聰明正直之神而甘受紿於尒之浮詞而甘受諛於尒之牲幣乎決無是理也明矣其碑出於鳳翔開元寺土下後置于太守之便廳蓋秦穆葬于雍橐泉祈年觀今開墓在開元寺東南數十步則寺豈祈年觀故基耶 見坡公手筆 後文學古者謂三詛文惟祀巫咸者筆法最精王厚之亦謂筆蹟高妙世人無復異論此杜工部所謂書貴瘦硬方通神者此爲得

之大觀間㸦入御府人始不得而模拓渡江後閒有臨摸本失其真多矣寶祐甲寅之春金華王柏得於鬻書人見而嘆曰此事固無足取也亦先秦之古文也中原之舊物也通國棄之而流落於陋巷之書生豈不異哉為之序而繫以辭曰

於皇上帝鑒此下民一善一惡有炳其分興亡之感請觀于秦繆辭蹇叔悔誓孔明於赫元聖存之於經秦之於秦豈曰强兵昭襄詛楚虐民慢神言誣不怍勒篆堅珉自播其惡至念猶存鬻熊拓地城池雄深三閭既放舉國昏昏詐槐而繫强橫以婚稷兮稷兮胡甚不仁犧牲圭幣猶冀神聽神之聽之怒終弗平强弩之末六國自焚曾不百年呂已代嬴歐公誤考而曰惠文彼石弗泐彼篆弗堙日月磨盪風殘雨淋撝呵守護奔走山靈事豈足法文豈足程一時之妄萬世之箴繆誓既録書生誦吟稷詛遺醜假託籀鳴彰善癉惡是曰天心彬彬爾籀大篆勃興未經斯鑿骨氣厚淳三代遺跡不一二聞大觀之後內府祕珍陋巷之士曷識鏤金臨摹至再大觀其真有來墨本求售且輕摩挲慨嘆剝嚙嶙峋折旋圓勁隱然渾成玉鉤鐵鎖虯翔鳳騰忘其不道政以字稱第入神品庸長碑勝

詛楚文音釋　　周伯琦

第一刻告久湫文

第二刻告亞駝文

第三刻告巫咸文

又秦嗣王敢用吉玉宣璧使其宗祝邵鼛布𢡟告于丕顯大神文湫㠯底楚王熊相之多辠昔我先君穆公及楚成王是繆力同心兩邦若壹絆㠯婚姻袗㠯齋盟曰枼萬子孫毋相為不利親卬大沈久湫而質焉今楚王熊相庸回無道淫㳄甚亂宣奓競從變輸盟剌內之則虣虐不姑刑戮孕婦幽剌親戚拘圉其叔父寘者冥室櫝棺之中外之則冒改久心不畏皇天上帝及大沈久湫之光烈威神而兼倍十八世之詛盟率者侯之兵以臨加我欲剗伐我社稷伐滅我百姓求蔑法皇天上帝及大神久湫之卹祠圭玉羲牲遂取我邊城新鄓及於長親我不敢曰可今又悉興其衆張矜恧怒飾甲底兵奮士盛師㠯偪我邊競將欲復其凶亦唯是秦邦之羸衆敝賦鞟輸棧輿禮使介老將之㠯自救也亦應受皇天上帝及大沈久湫之幾靈德賜克劑楚師且復略我邊城敢數楚王熊相之倍盟犯詛箸者石章以盟大神之威神

又有　不丕　久故　辠睪　奓奢　從縱　輸渝　者諸　卬仰　羲犧　鄓湟郯

恧悖　競境　輸　幾機　劑濟

右秦詛楚文石鼓之後字畫奇古者惟此而已其文三一曰告久湫文出於渭蔡挺帥平涼挈以歸汲一曰告亞駝文出於洛亦蔡氏得之後藏洛陽劉忱家一曰告巫咸文出於鳳翔蘇公子瞻嘗賦詩列於八觀舊在府解徽宗時歸內府其告神之詞則一惟神異號其曰久湫者故湫也古字借用曰亞駝者亞即惡讀如烏駝即沱字亦借用或以為即今滹沱也曰熊相者按史記楚成王與秦穆公盟至項襄王熊橫十八世則橫乃相之譌當以石為正三石刻於秦惠文昭襄之間皆宋元豐時先後出汲既失守不知所

在今流傳者舊重刻本也文詞類絕秦書而字體兼大篆頗似彝鼎款識觀此則小篆之法先秦已有之不特盡變於斯也秦以彊詐得國於冥冥中尚尔飾辭徵信則其它可知矣其事固旡足取然焚蕩之餘而六書之遺意可考亦不得以偏廢也是以好古君[illegible]多稱道之此本乃先君鄱陽郡公所珍愛家藏已五十年校諸本差勝暇日蒙潰因書音釋于后以備書學之一云至正己亥九月望日左丞周伯琦伯温分省中吳識

3

明拓　泰山刻石

秦

頁縱二十五．二厘米　橫十三．五厘米　七頁

Inscribed stone on Mount Tai
Inscribed in Qin Dynasty
Rubbings of Ming Dynasty
Mounted album of 7 leaves
Each leaf: 25.2 × 13.5cm

挖鑲剪裱裝冊。清李文田題簽，前附頁篆書抄錄《泰山刻石》全文。清孫星衍嘉慶乙丑（一八〇五）年觀款，據朱翼庵《歐齋石墨題跋》，此觀款前應有孫星衍跋文：「據《金薤琳琅》，刻文起西面，而北，而東，而南，共二十二行。其末行『制曰可』，復轉刻西南棱上。《石索》曰，他刻皆直接『昧死請』之下，此獨提行而冠於首，未始非尊□之意，即以為第一行亦可。」後附頁有清道光十一年（一八三一）樊彬、溫忠善、馮志沂等觀款。

《泰山刻石》又名《封泰山碑》。公元前二二一年，秦始皇統一中國後，曾先後多次巡視全國，所到之處勒石立碑，頌揚秦德及功業，如《嶧山刻石》、《琅琊臺刻石》、《泰山刻石》、《之罘刻石》、《碣石頌》、《會稽刻石》等，事載《史記．始皇本紀》。今除《泰山刻石》和《琅琊臺刻石》存殘石外，其餘原石皆不存。

秦始皇二十八年（公元前二一九年）始皇東巡登泰山，秦相李斯等立《泰山刻石》為始皇歌功頌德。石四面刻字，三面為始皇詔，一面為秦二世元年（公元前二〇九年）詔與從臣姓名。小篆字體，傳為李斯手書。明初刻石在嶽頂玉女池上，後移置碧霞元君祠東廡，僅存二十九字。清乾隆五年（一七四〇）祠遭火焚，石不知所在。清嘉慶二十年（一八一五）又發現，只存十字。今藏山東泰安岱廟。

《泰山刻石》傳世有明安國藏拓本最為著名，存一百六十五字，後流入日本。此本存二十九字，為可信的明代拓本，國內現存有一些十字本，明初拓二十九字本只見此一冊。

馮氏石索集補泰山石刻全文

據金薤琳琅刻文起西面而北而東而南共廿二行其末行制曰可復轉刻西南棱上石索曰它刻皆直接昧死請之下此獨提行而冠於首未明此義即以為第一行六行

制曰可
皇帝臨立作制明法臣下修飭
廿有六年初并天下罔不賓服
親輔遠黎登茲泰山周覽東極
從臣思迹本原事業祗誦功德
治道運行者產得宜皆有法式

右石西面六行凡六十三字

大義著明陲于後嗣順承勿革
皇帝躬聽既平天下不懈于治
夙興夜寐建設長利專隆教誨

右石北面三行凡三十六字

訓經宣達遠近畢理咸承聖志
貴賤分明男女體順慎遵職事
昭隔內外靡不清淨施于後嗣
化及無窮遵奉遺詔永承重戒
皇帝曰金石刻盡
始皇帝所為也今襲號而金石

右石東面六行凡六十七字

刻辭不稱
始皇帝其於久遠也如後嗣為
之者不稱成功盛德
丞相臣斯臣去疾御史大夫臣德
昧死言
臣請具刻詔書金石刻因明白
矣臣昧死請

右石南面七行凡五十六字　四面共二百二十二字

釋文：

臣斯臣

去疾御

史大臣
昧死言

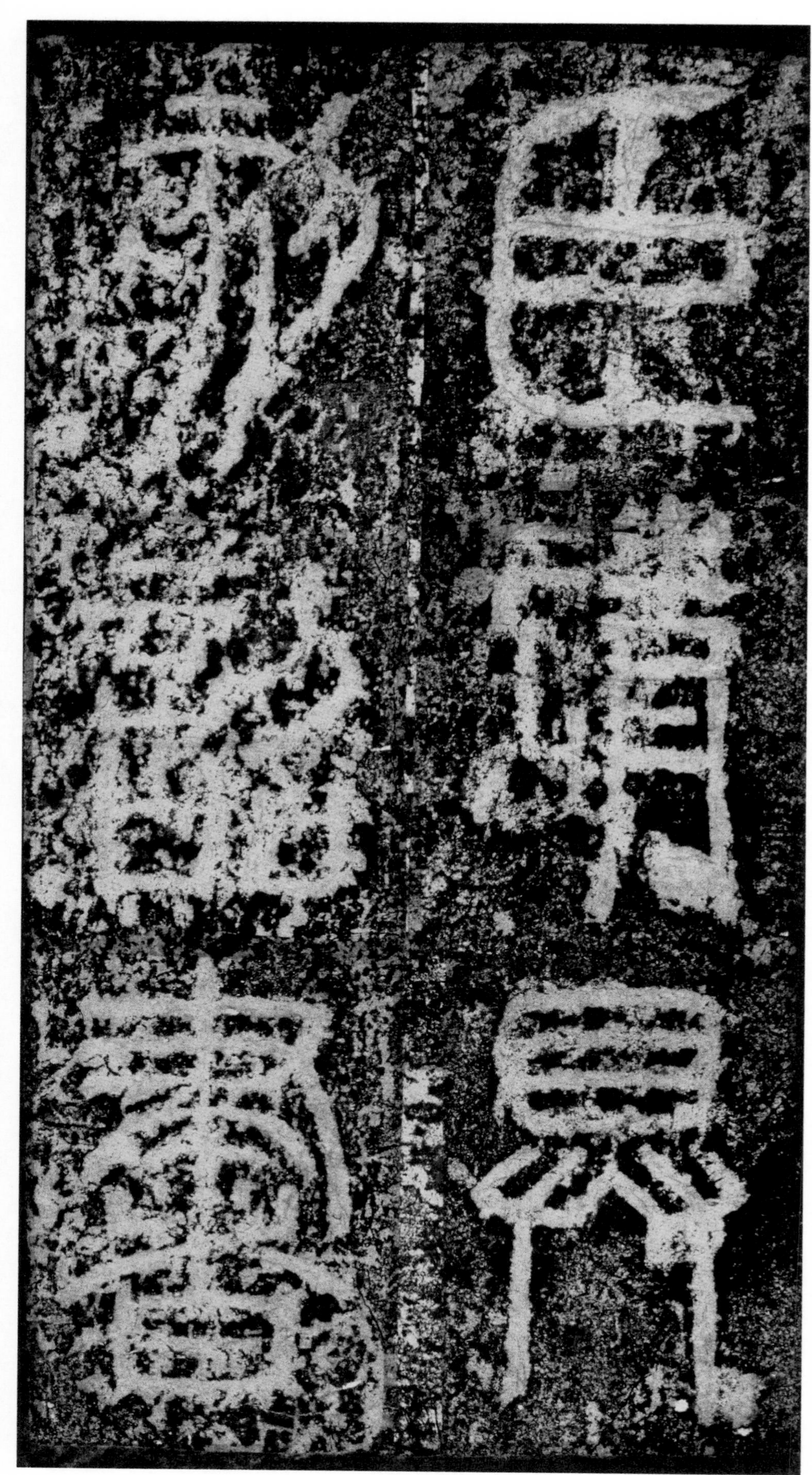

臣請具
刻詔書

金石刻
因明白

矣臣昧
死請

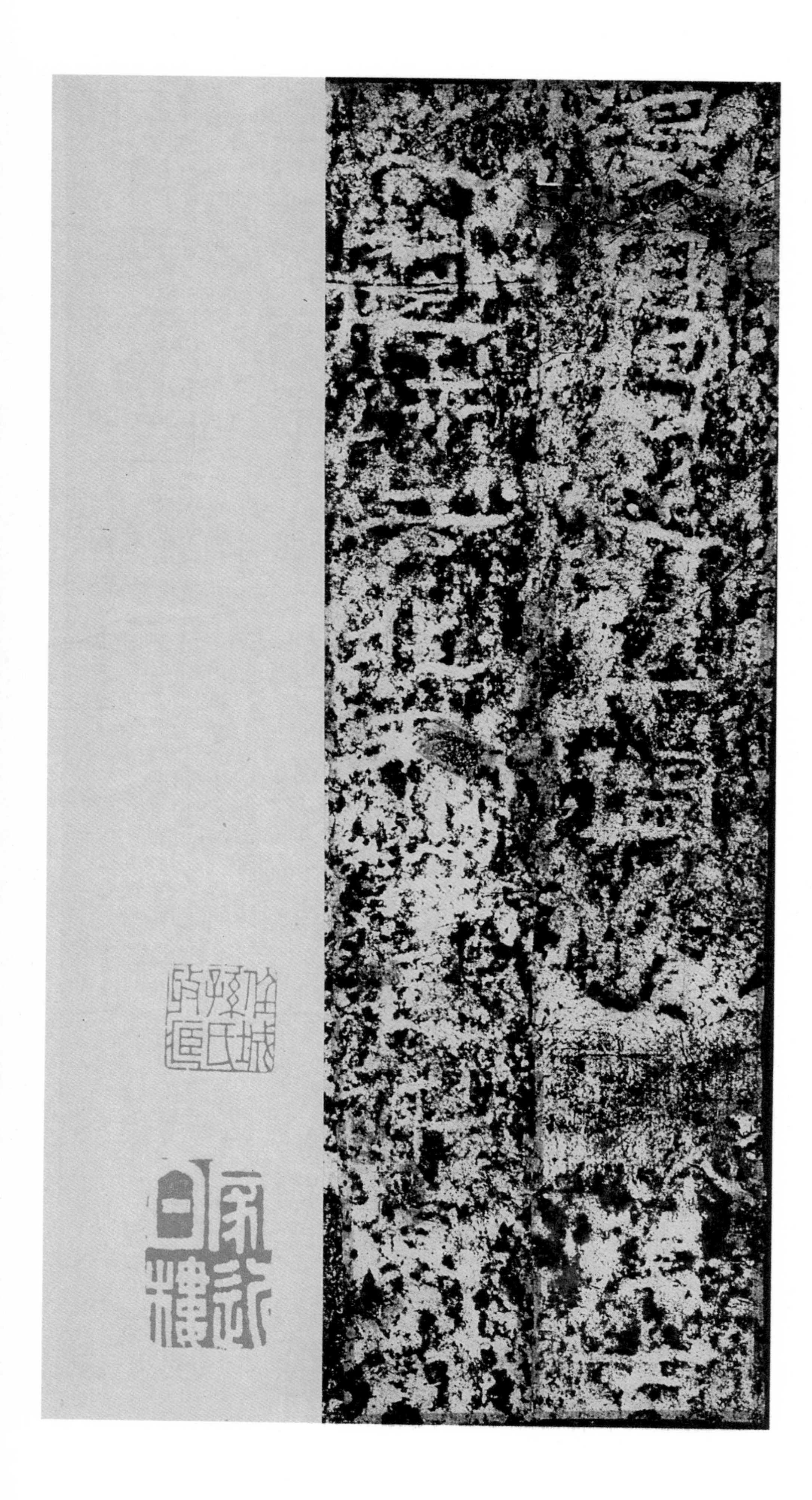

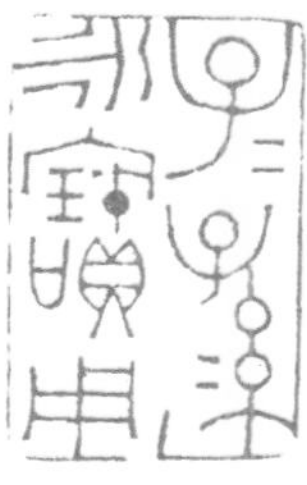

辛卯秋天津樊彬大谷溫志善化州

鄉老沂同觀老沂題記

4

明拓　禮器碑

東漢
頁縱二十八・三厘米　橫十三・八厘米　碑陽三十二頁
碑陰、側四十二頁

Stele of Ritual Vessels
Inscribed in Eastern Han Dynasty
Rubbings of Ming Dynasty
Mounted album of 74 leaves
Face of stele: 32 leaves
Back and sides of stele: 42 leaves
Each leaf: 28.3 × 13.8cm

挖鑲剪裱。分碑陽、碑陰及碑側。冊前張伯英題簽。

碑東漢桓帝永壽二年（一五六）立於山東曲阜孔廟，魯相韓敕建。碑高二・三四米，寬一・〇五米。碑陽三十六行，行三十六字。首題「漢魯相韓敕造孔廟禮器碑」。碑文記韓敕拜謁孔廟，設置禮器等事。碑陰及兩側刻有資助立碑的官吏姓名及所出錢。

東漢桓、靈時期，碑書大盛，各具風姿。正如清代錢泳云：「漢人各種碑碣，一碑有一碑之面貌，無有同者，即瓦當、印章以至銅器款識亦然，所謂俯拾即是，都歸自然。」《禮器碑》歷來被認為是成熟而典型的漢隸作品。其鐵線般的勾勒且含有彈性，磔筆長而勁，又富於變化。用筆方圓得宜，體現了端正古秀、風神逸宕、姿態悠遠的風格，顯示出書者與刻工的精熟技藝。此碑的書法藝術對後世影響很大。清楊守敬云：「漢隸如《開通褒斜道》、《楊君石門頌》之類，以性情勝者也。《景君》、《魯峻》、《封龍山》之類，以形質勝者也。兼之者惟推此碑。要而論之，寓奇險於平正，寓疏秀於嚴密，所以難也。」（《平碑記》）

此拓本文字完整，其中「絕思」（碑陽）二字未損連，是明代拓本考據。為早期拓本中之精品。碑陰、碑側裝裱時有錯簡。

鑒藏印記：「君言鑒賞」等。

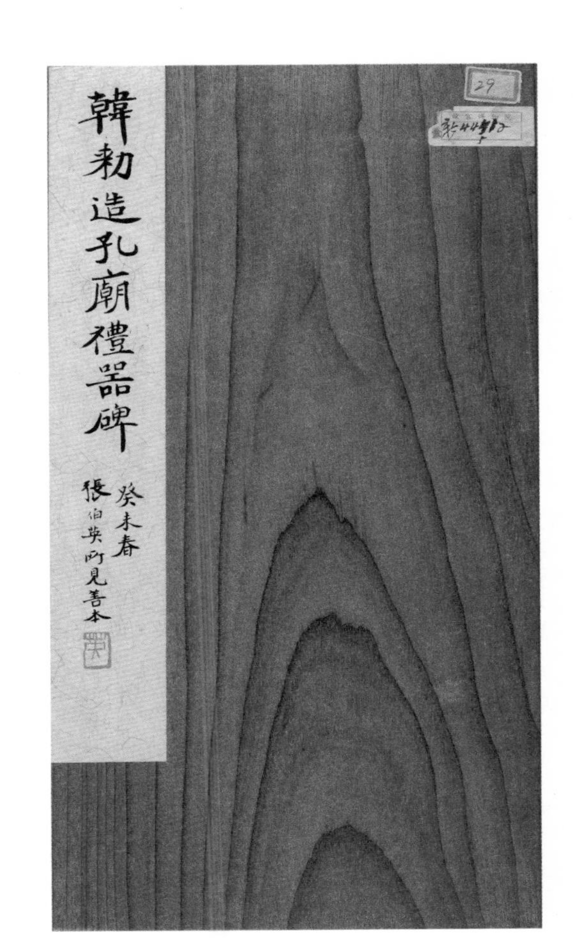

碑陽 釋文：
惟永壽二年青
龍在涒歎霜月
之靈皇極之日

魯相河南京韓
君追惟太古華
胥生皇雄顏□

育孔寶俱制元
道百王不改孔
子近聖為漢定

道自天王以下
至於初學莫不
驢思嘆卬師鏡

顏氏聖舅家居
魯親里並官聖
妃在安樂里聖

族之親禮所宜
異復顏氏並官
氏邑中繇發以

尊孔心念聖曆
世禮樂陵遲秦
項作亂不尊圖

書倍道畔德離
敗聖輿食糧亡
於沙丘君於是

造立禮器樂之
音苻鐘磬瑟鼓
雷洗觴觚爵鹿

祖柦籩柉禁□
修飾宅廟更作
二輿朝車威熹

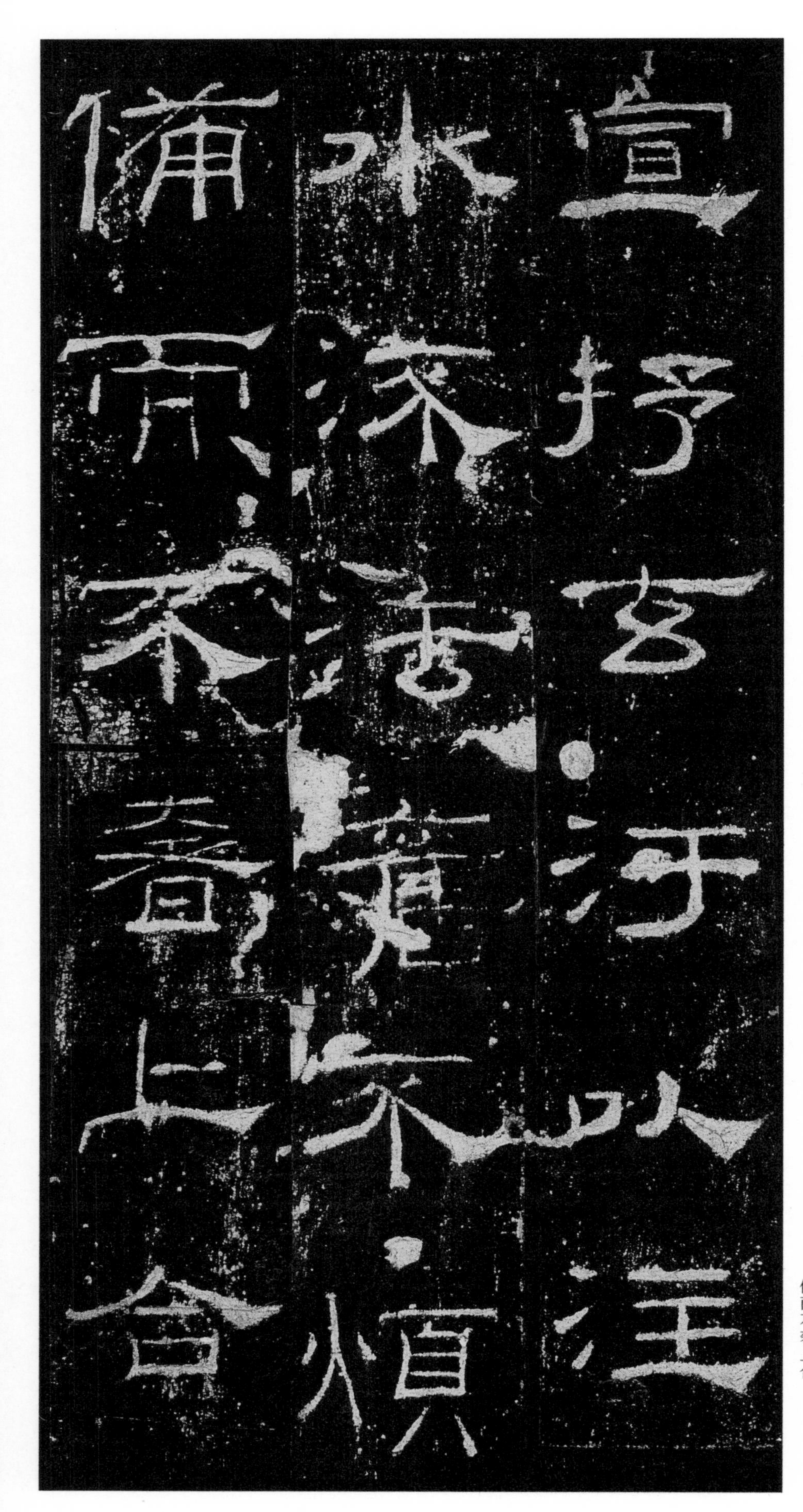

宣抒玄汙以注
水流法舊不煩
備而不奢上合

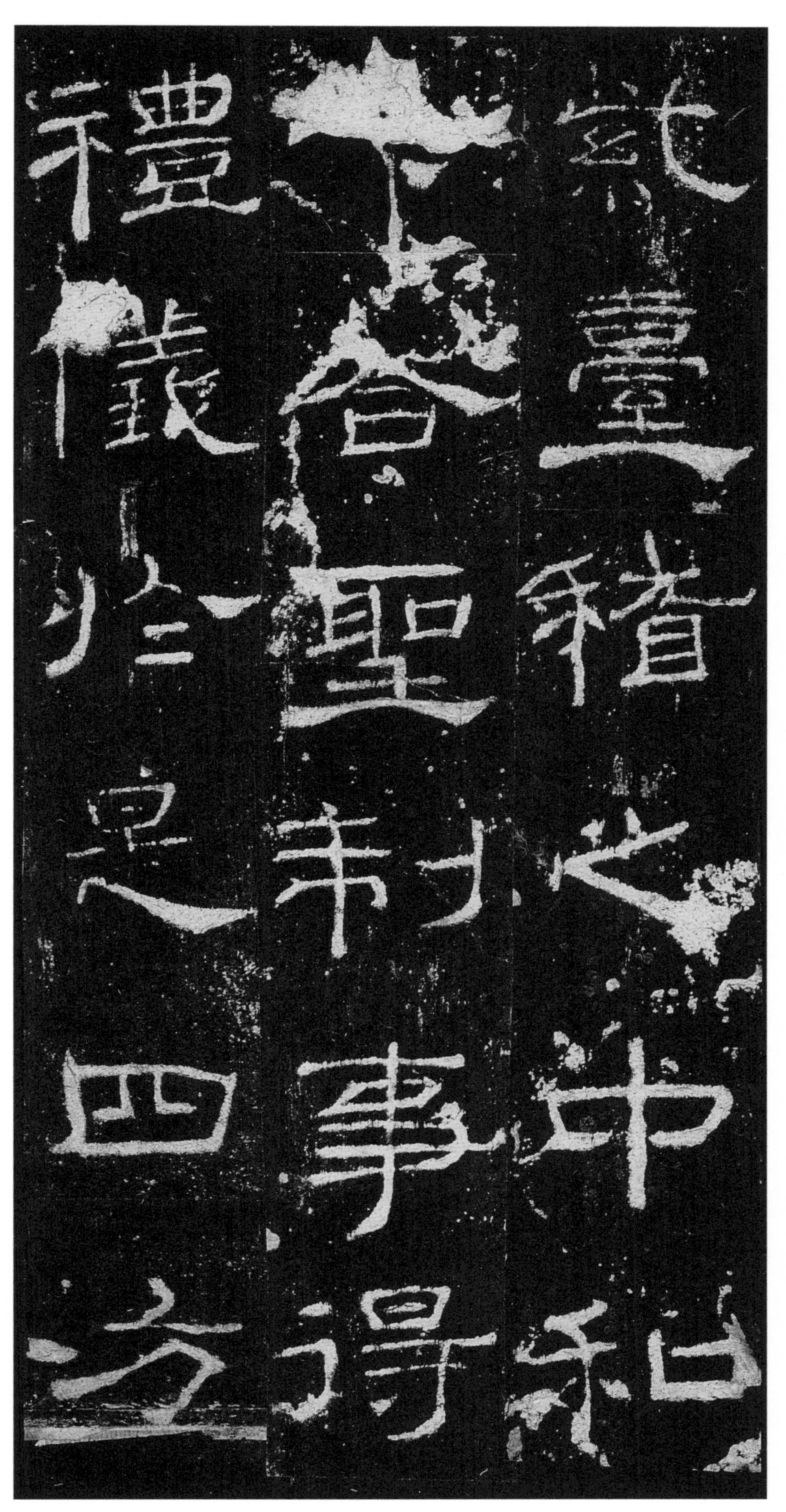

紫臺稽之中和
下合聖制事得
禮儀於是四方

土仁聞君風燿
敬詠其德尊琦
大人之意逴彌

之思乃共立表
石紀傳億載其
文曰

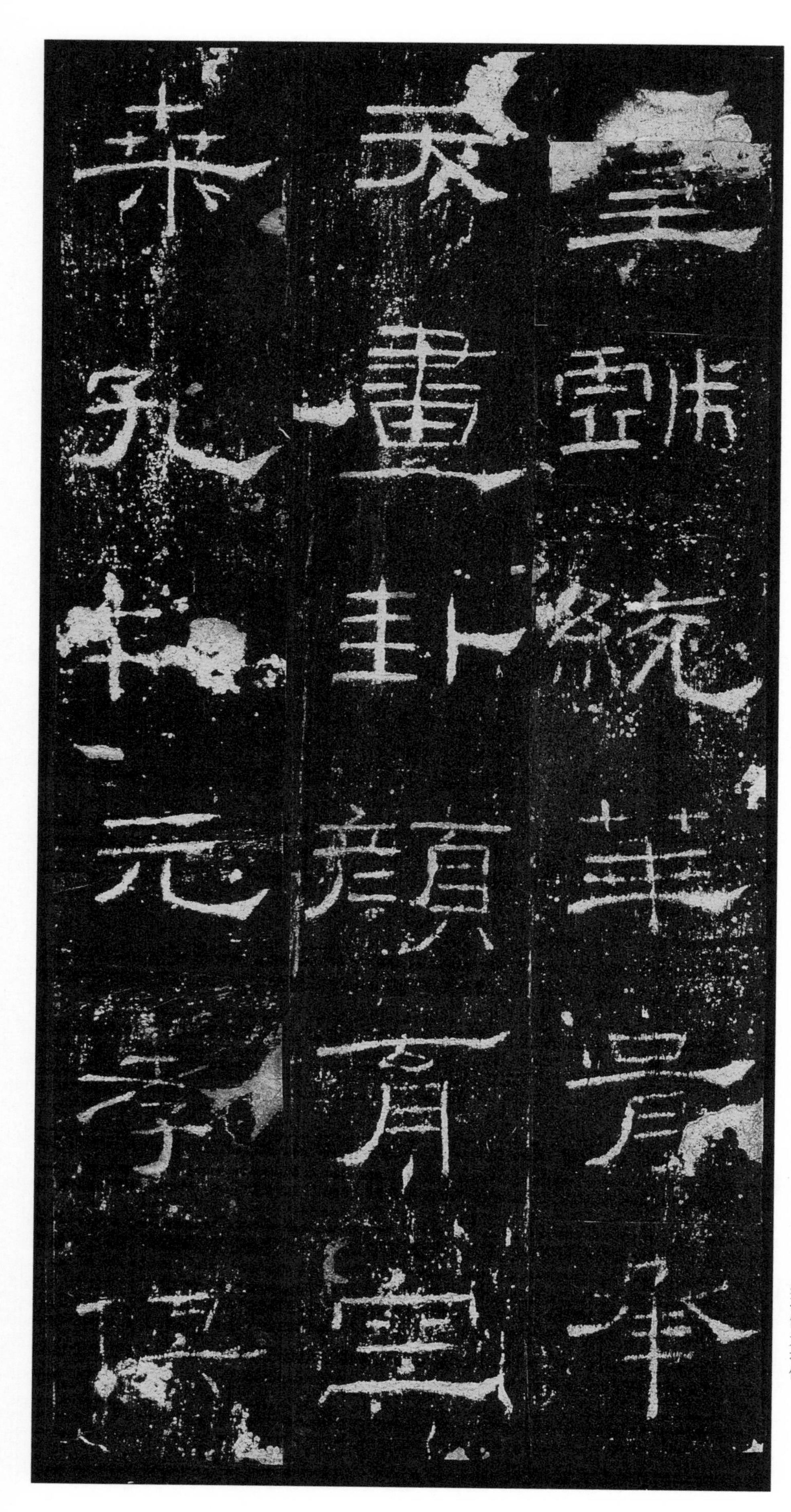

皇戲統華胥承
天畫卦顏育空
桑孔制元孝俱

祖紫宮大一所
授前闓九頭以
升言教後制百

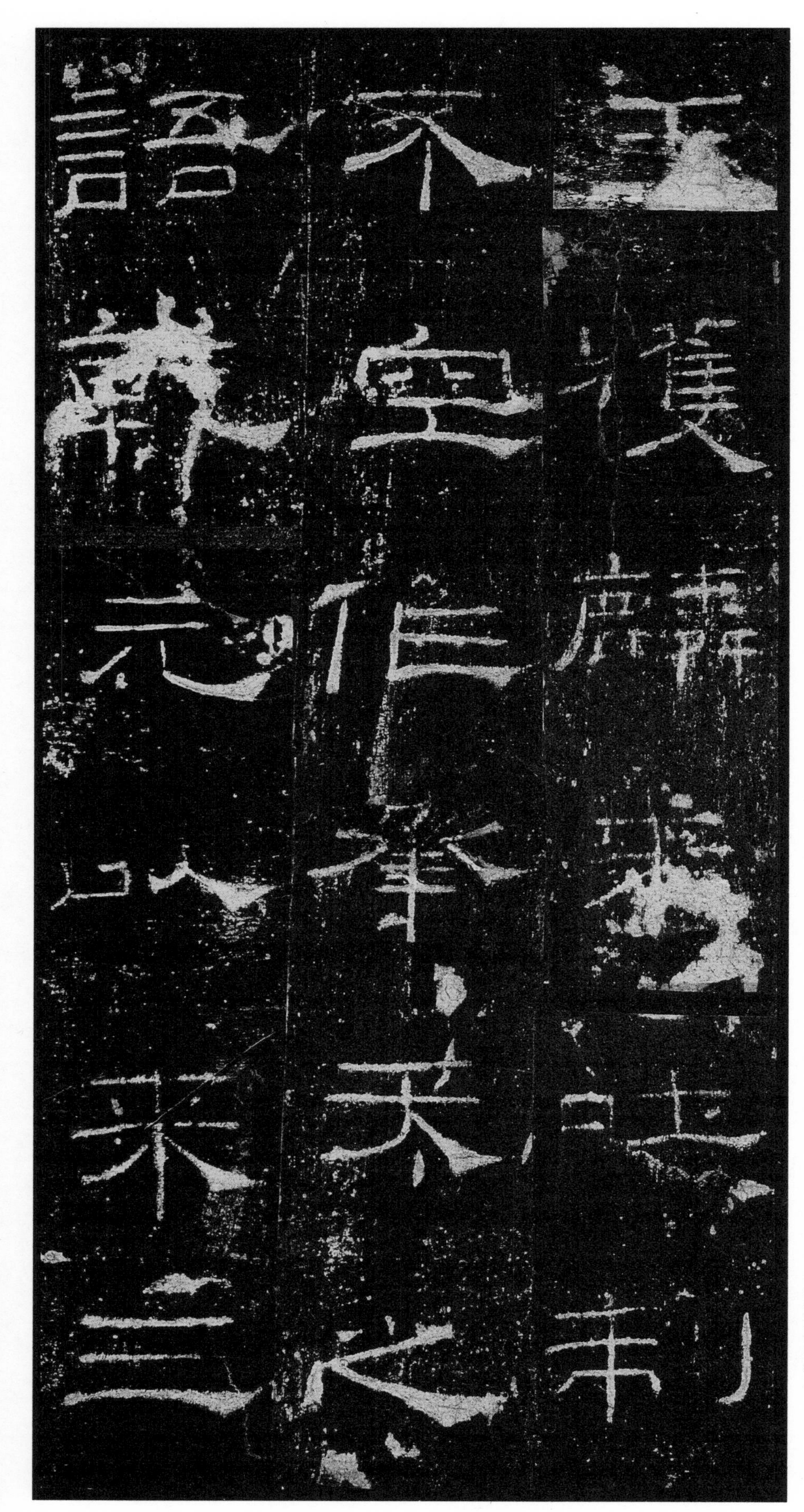

王獲麟來吐制
不空作承天之
語乾元以來三

九之載八皇三
代至孔乃備聖
人不世期五百

載三陽吐圖二
陰出讖制作之
義以俟知奧於

穆韓君獨見天
意復聖二族逵
越絕思修造禮

樂胡輂器用存
古舊宇殷勤宅
廟朝車威熹出

誠造口涑不水
解工不爭賈深
除玄汙水通四

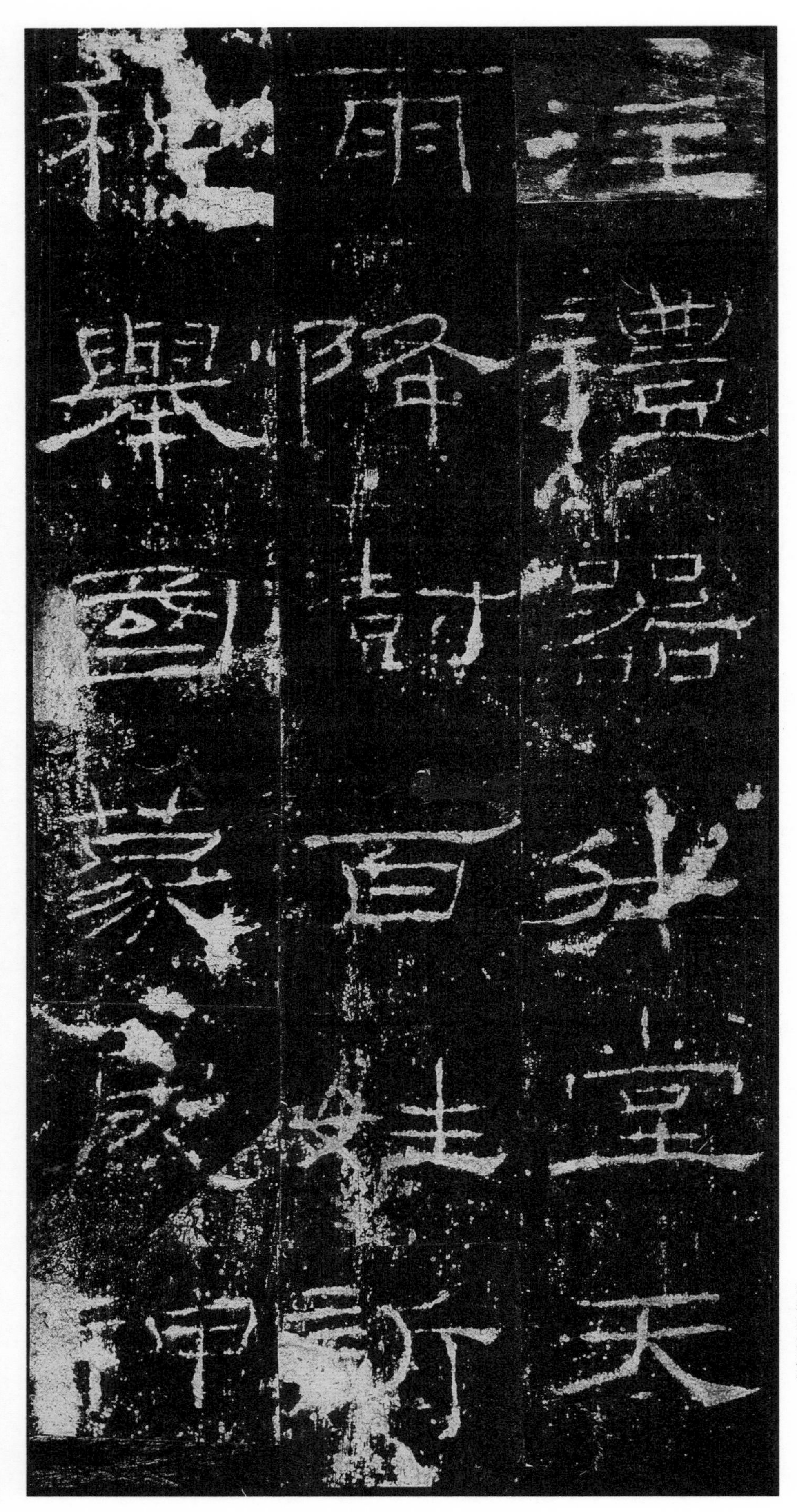

注禮器升堂天
雨降澍百姓訢
和舉國蒙慶神

靈祐誠竭敬之
報天與厥福永
享年壽上極華

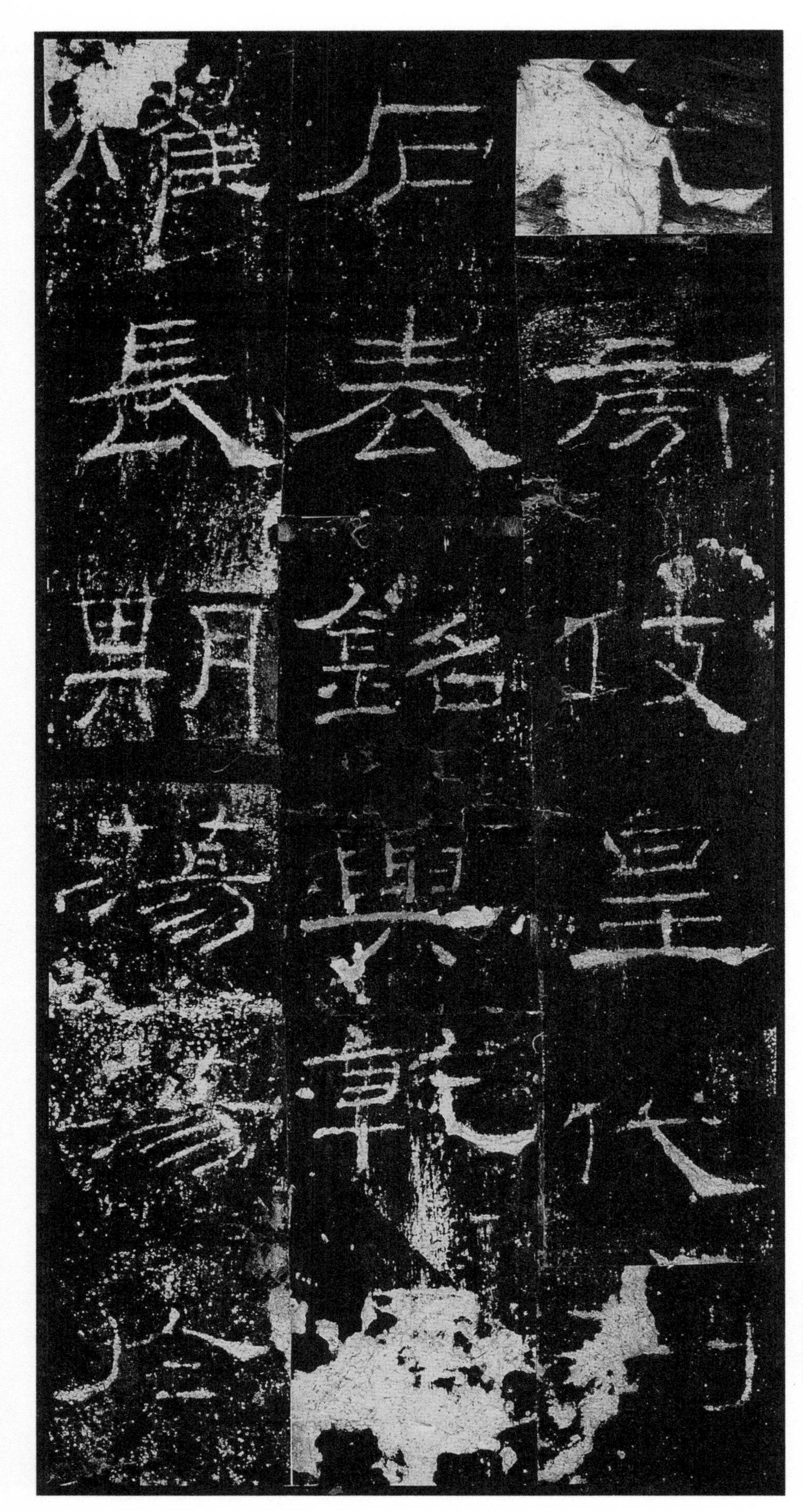

紫旁伎皇代刊
石表銘與乾運
燿長期蕩蕩於

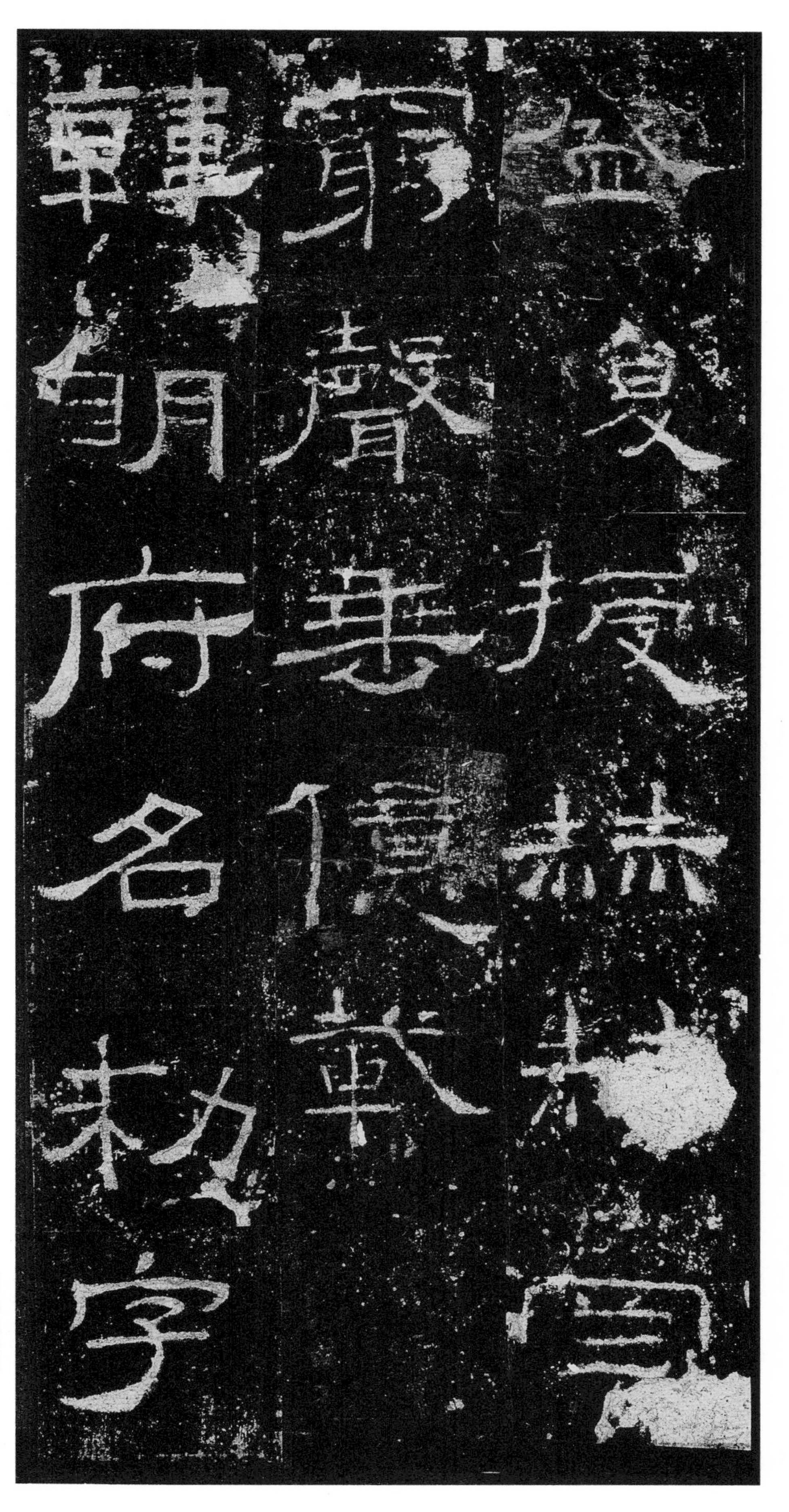

盛復授赫赫罔
窮聲垂億載
韓明府名敕字

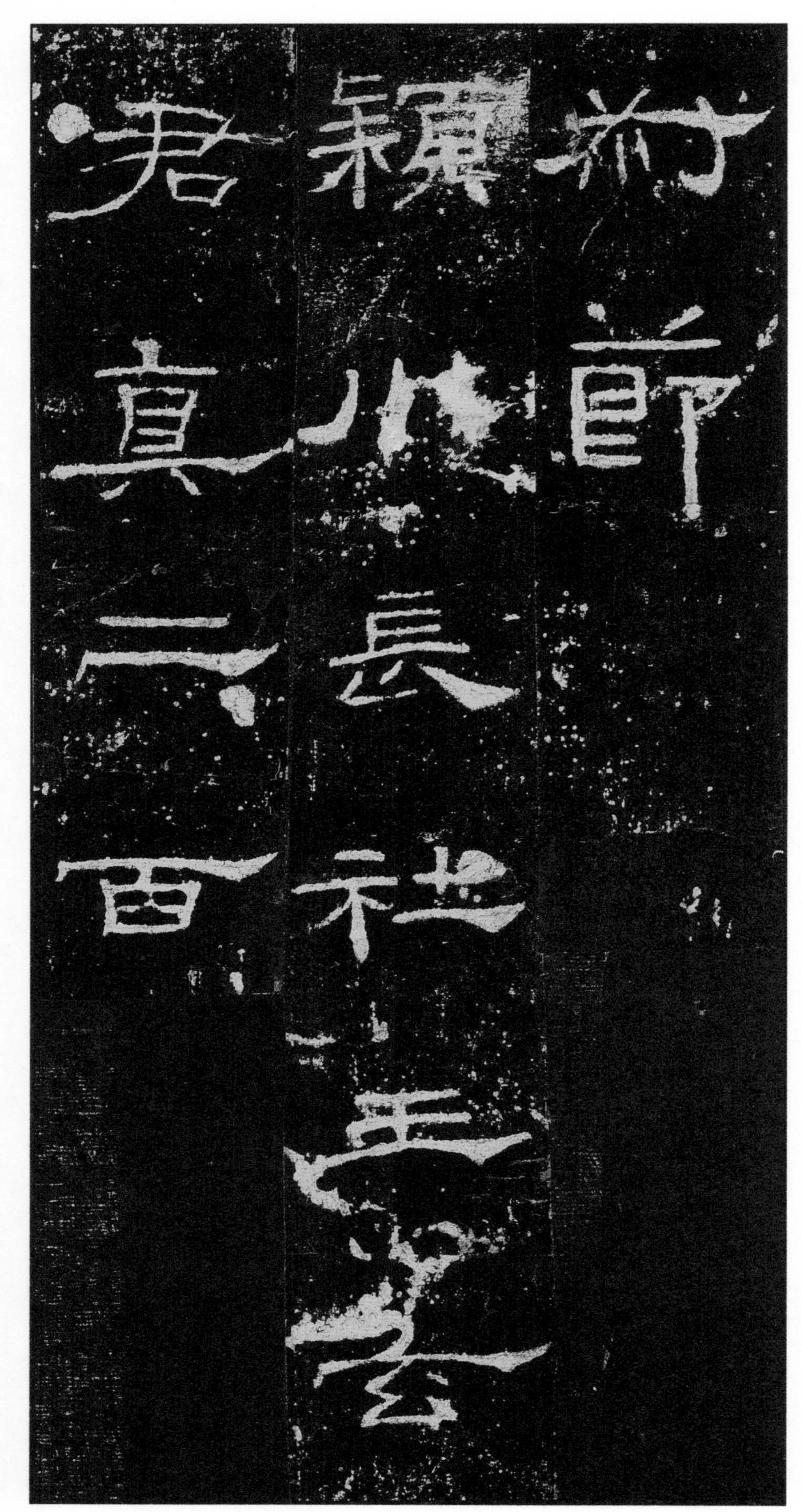

叔節
穎川長社王玄
君真二百

河東大陽西門
儉元節二百
故涿郡太守魯

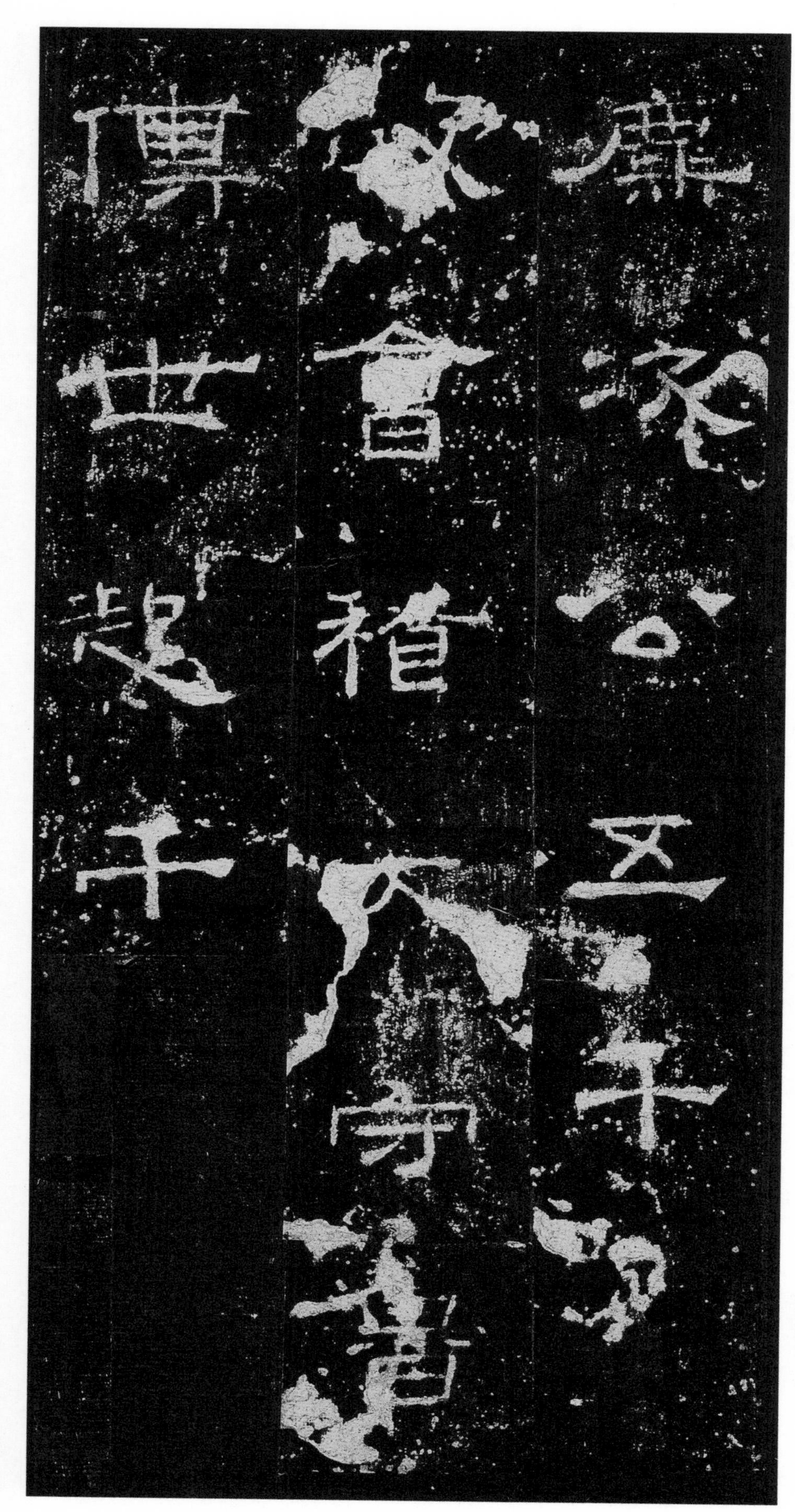

麃次公五千
故會稽太守魯
傅世起千

故樂安相魯麃
季公千
故從事魯張嵩

眇高五百
相主薄魯薛陶
元方三百

相史魯周乾伯
德三百

碑陰

原石共三列，此拓本多有錯簡。今按順序錄釋文如後：

上列

曲城侯王暠二百。遼西陽樂張普仲堅二百。河南成皋蘇漢明二百，其人處士。河南洛陽種亮奉高五百。故兗州從事任城呂育季華三千。故下邳令東平陸王褒文博千。故潁州令文陽鮑宮元威千。河南洛陽李申伯百。趙國邯鄲宋瑱元二百。彭城廣戚姜尋子長二百。平原樂陵朱恭敬公二百。平原濕陰馬王瑁元冀二百。彭城龔治世平二百。泰山鮑丹漢公二百。京兆劉安初二百。故薛令河內溫朱熊伯珍五百。下邳周宣光二百。故豫州從事蕃加進子高千。河間束州齊伯宣二百。陳國苦虞崇伯宗二百。

中列

潁川長社王季孟三百。汝南宋公國陳漢方二百。山陽南平陽陳漢甫二百。任城番君舉二百。任城王子松二百。任城謝伯威二百。任城高伯世二百。相主簿薛曹訪濟興三百。相中賊史薛虞韶興公二百。薛弓奉高二百。相史卞呂松口遠百。騶韋仲卿二百。處士魯劉靜子著千。故從事魯王陵少初二百。故督郵魯開輝景高二百。魯曹悝初孫二百。魯劉元達二百。

下列

故督郵魯輝彥臺二百。郎中魯孔宙季將千。御史魯孔翊元世千。大尉掾魯孔凱仲弟千。魯孔曜仲雅二百。魯孔儀甫二百。處士魯孔方廣率千。魯孔巡伯男二百。文陽蔣元道二百。魯孔憲仲則百。文陽王逸文豫二百。尚書侍郎魯孔彪元上三千。魯孔汎漢光二百。南陽宛張光仲孝二百。守廟百石魯孔恢聖文千。褒成侯魯孔建壽千。河南洛陽王敬子慎二百。故從事魯孔樹君德千。魯孔朝升高二百。魯石子重二百。行義掾魯弓如叔都二百。魯劉仲俊二百。北海劇袁隆展世百。魯夏侯盧頭二百。魯周房伯臺百。

碑右側

山陰瑕丘九百元台三百。齊國廣張建平二百，其人處士。上黨長子楊萬子三百。處士魯孔徵子舉二百。魯徐伯賢二百。魯劉聖長二百。河南郾師胥鄰通國三百。河南平陰樊文高二百。河東臨汾敬信子直千。河南洛陽左叔虞二百。東郡武陽董元厚二百。東郡武陽桓仲毅二百。泰山巨平韋仲元二百。蕃王狼子二百。泰山費淳于鄰季遺二百。故安德侯相彭城劉霈伯存五百。故平陵令魯麃恢元世五百。

碑左側

東海傅河東臨汾敬謙字季松千。時令漢中南鄭趙宣字子雅。故丞魏令河南京丁琮叔舉五百。左尉北海劇趙福字仁直五百。右尉九江浚遒唐安季興五百。司徒掾魯巢壽文後三百。河南郾師度徵漢賢二百。南陽平氏王自子尤二百。相守史薛王芳伯道三百。魯孔建壽二百。相行義史文陽公百輝世平百。魯傅兗子豫二百。任城亢父治真百。魯孫殷三百。魯孔昭叔祖百。亓廬城子二百。

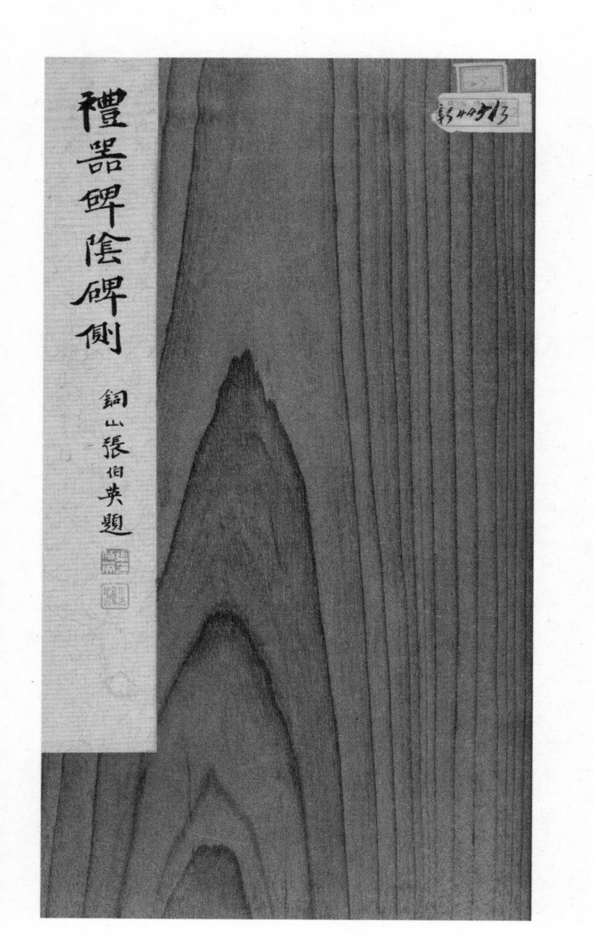

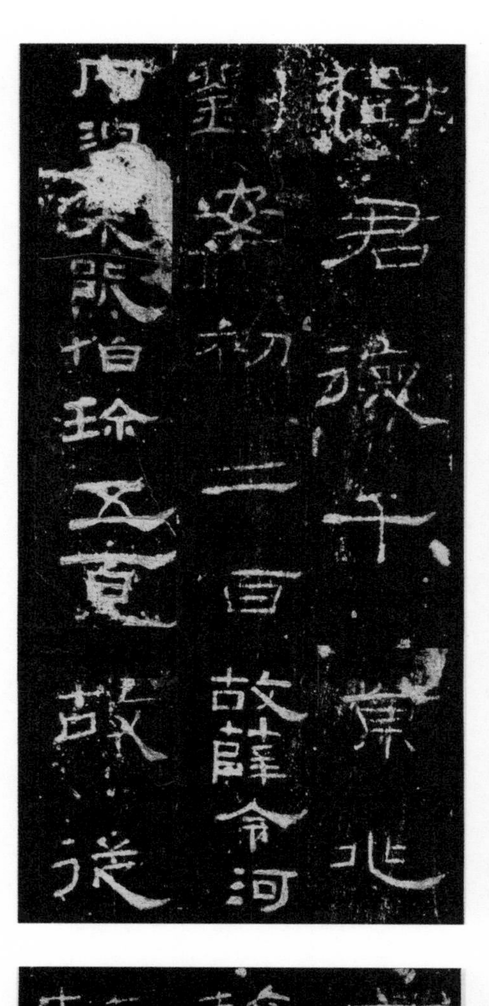

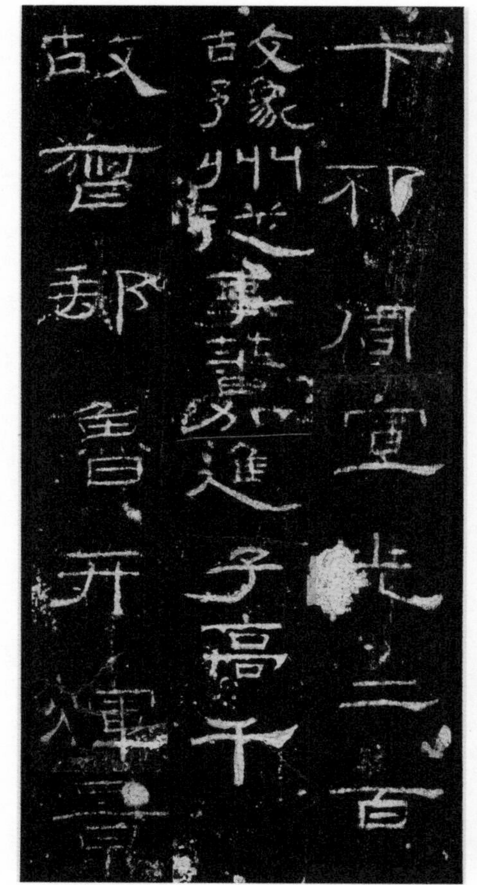

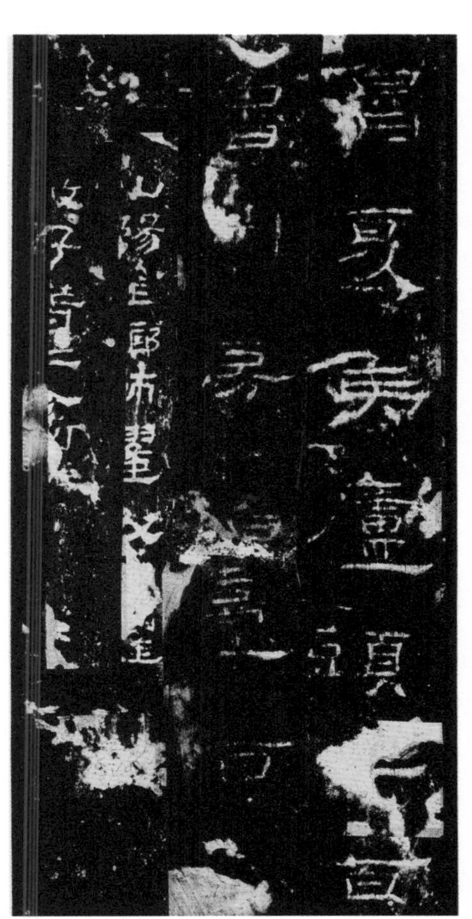

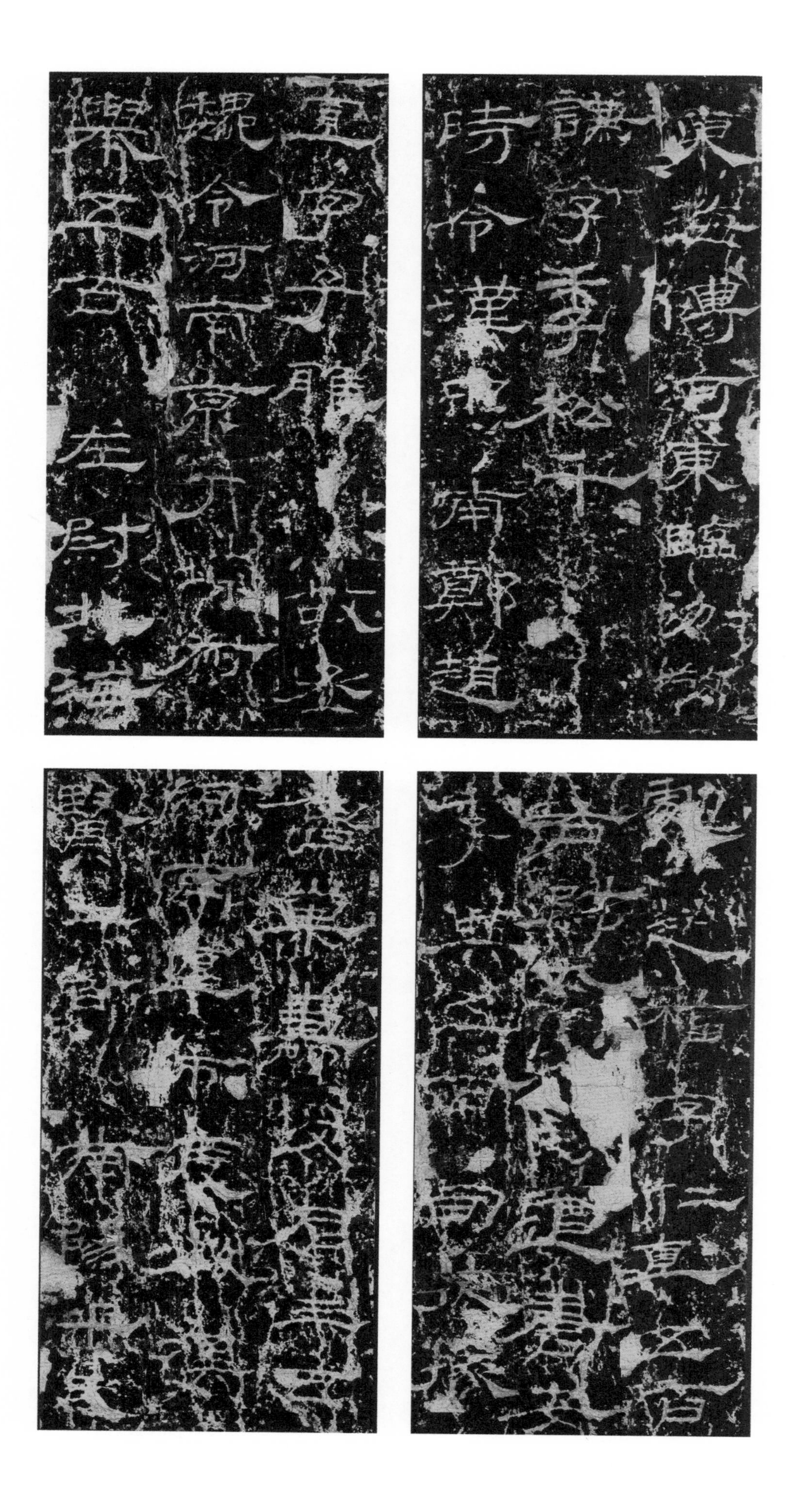

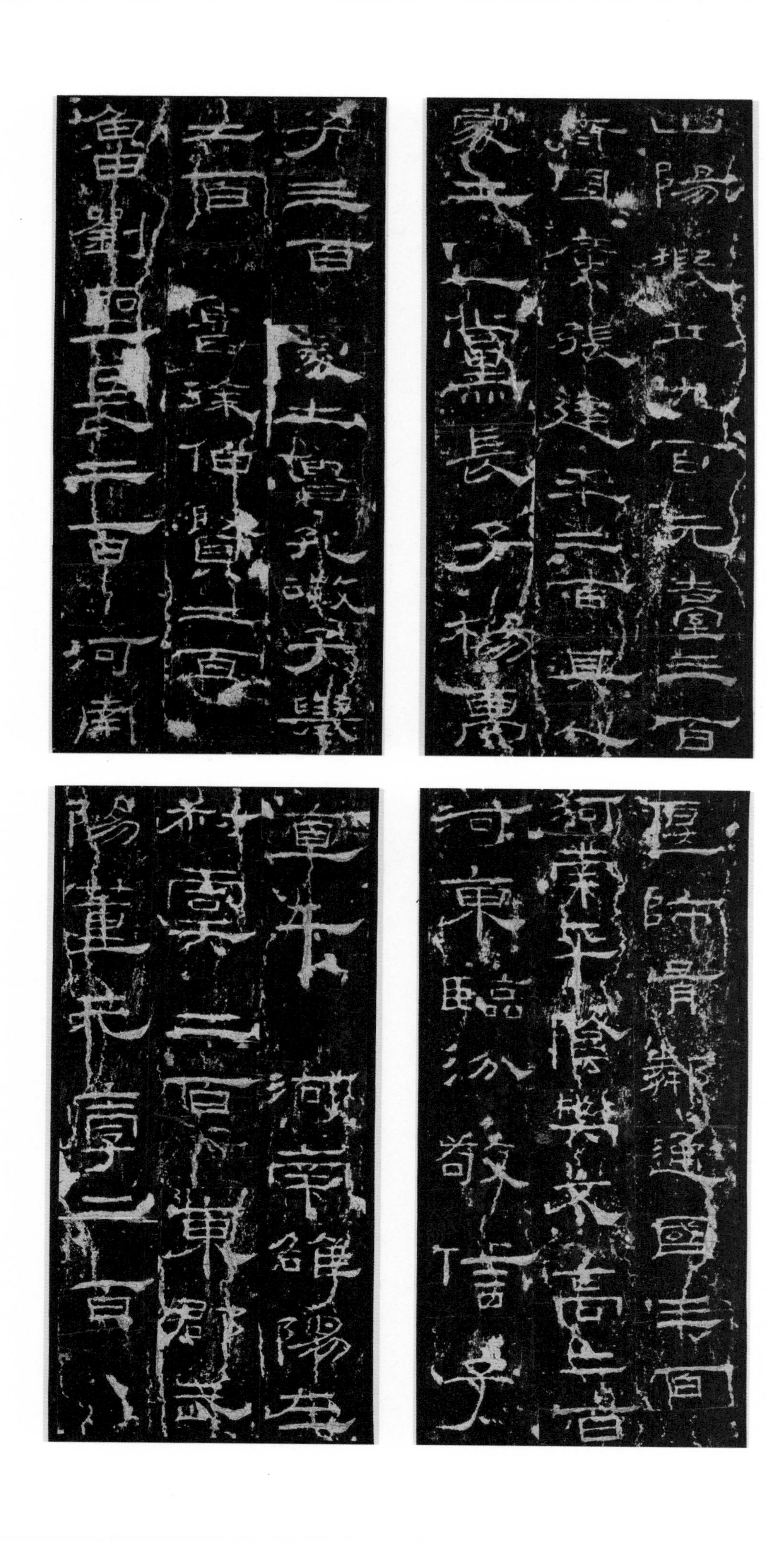

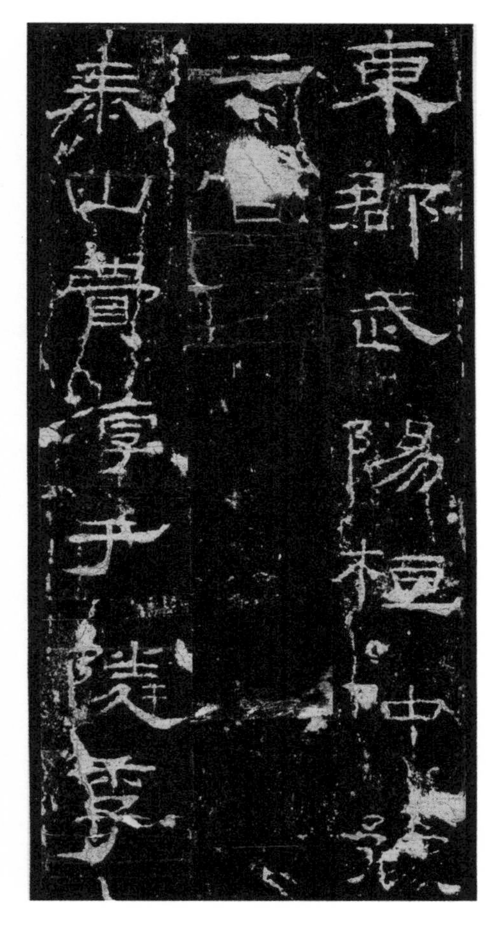

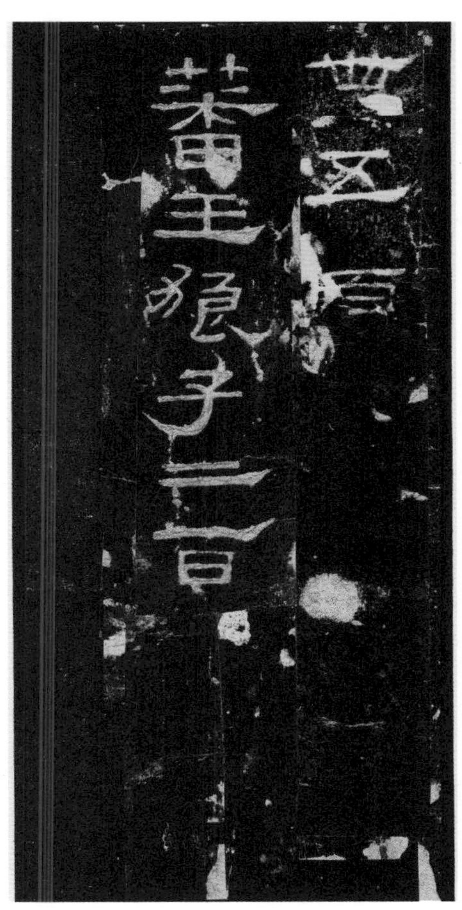

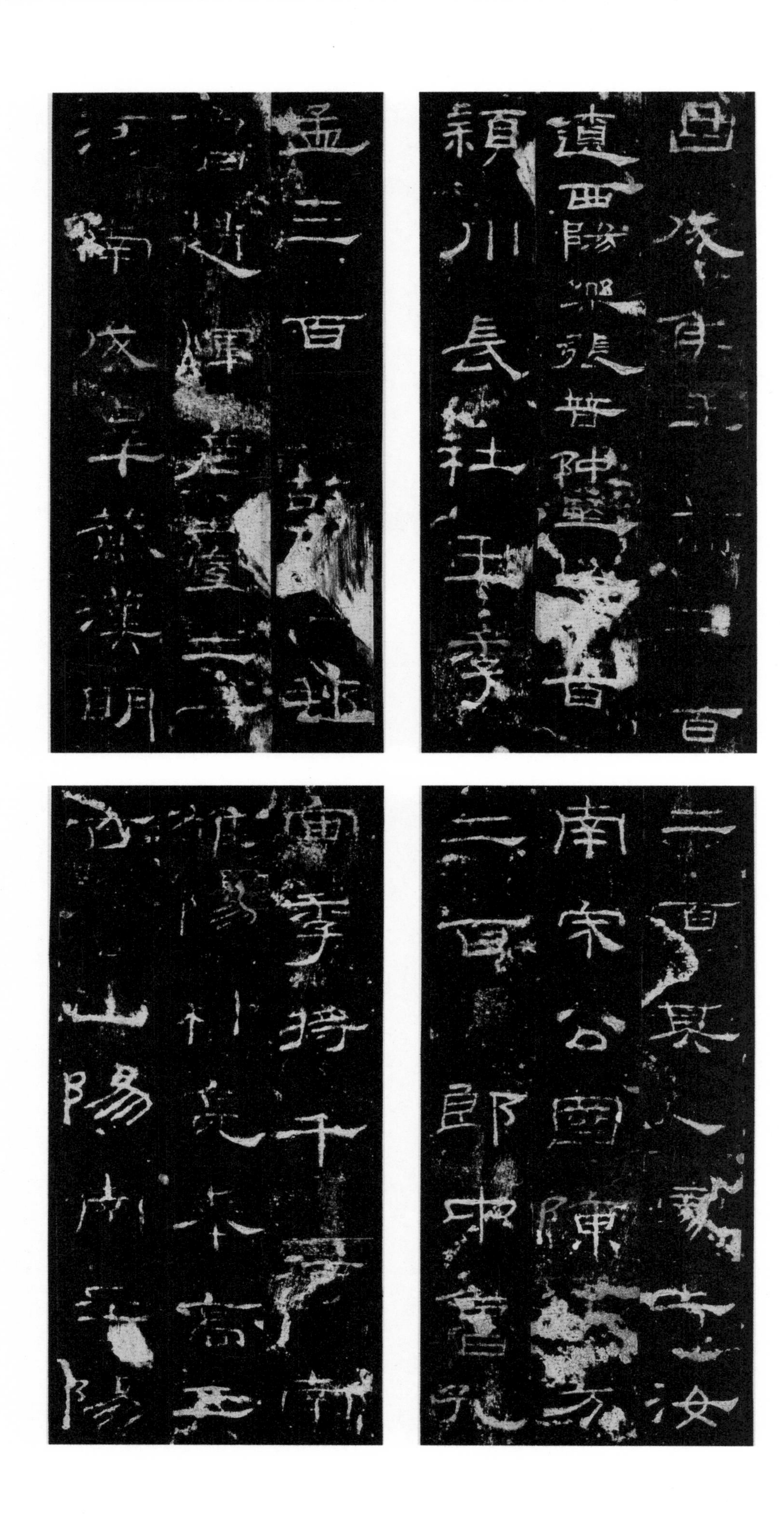

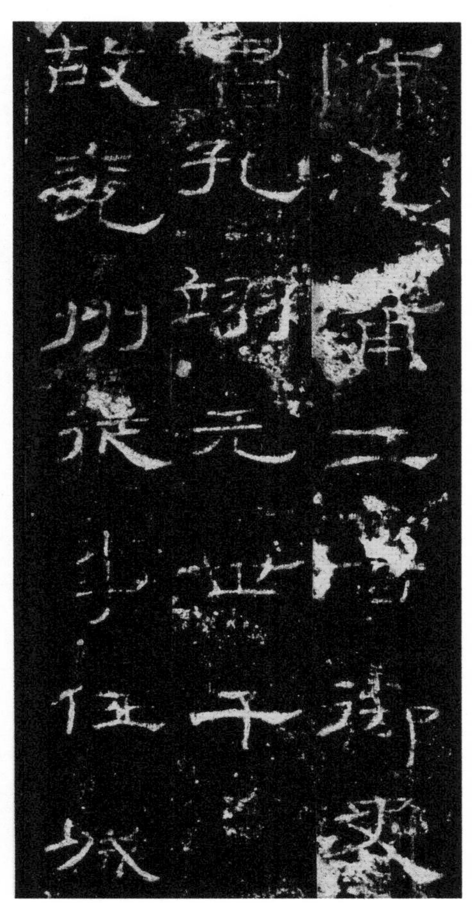

5

明拓　張猛龍碑

北魏

頁縱二十六．六厘米　橫十四．一厘米　三十五頁

Stele of Zhang Menglong

Inscribed in Northern Wei Dynasty

Rubbings of Ming Dynasty

Mounted album of 35 leaves

Each leaf: 26.6 × 14.1cm

挖鑲剪裱裝冊。寶熙題簽。

碑立於北魏正光三年（五二二）正月，今存山東曲阜孔廟。碑高二．八米，寬一．二三米。題額正書「魏魯郡太守張府君清頌之碑」。碑陽二十四行，行四十六字，碑陰刻字十二列，每列行數不等。

張猛龍是當地郡守，《魏書》無載。郡人立碑頌其「治民以禮，移風以樂」，「使學校克修比屋，清業農桑，勸課田織。」清代朱彝尊認為「張猛龍碑建自正光三年，其得列孔林者以當日有興起學校之功也。元魏之俗，事佛尤甚。斬山以為窟，範金以為像，九層之臺，萬金之液，竭民力事之。及其既成，靡不刊石勒銘以紀功德。」猛龍「修聖人之學於舉世不為之時，使講習之音再聞於闕裏。噫，可傳也。」

《張猛龍碑》是魏碑書法代表作，整體方勁，章法天成。體勢縱出而左側，勁健雄俊。康有為以為：「結構精絕，變化無端」，「為正體變態之宗」。楊守敬曰：「書法瀟灑古淡，奇正相生，六代所以高出唐人者以此。」（《平碑記》）啟功先生言：「龍門諸記，豪氣有餘，而未免於粗曠逼人；芒山諸志，精美不乏，而未免千篇一律。惟此碑骨格權奇，富於變化，今之形，古之韻，備於其間，非他刻所能比擬。」

此拓本文字完整，碑文中「冬溫夏清」未泐，「蓋魏」二字間石花未泐連。為明代精拓本，比清拓本筆意飽滿，清朗遠甚。

鑒藏印記：「翼庵審定書畫記」等。

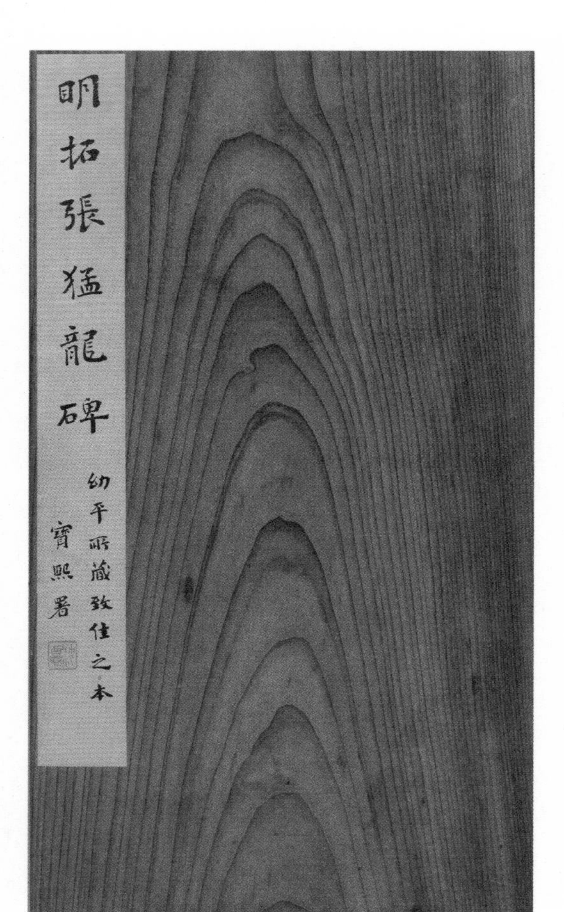

明拓張猛龍碑
杏邨藏

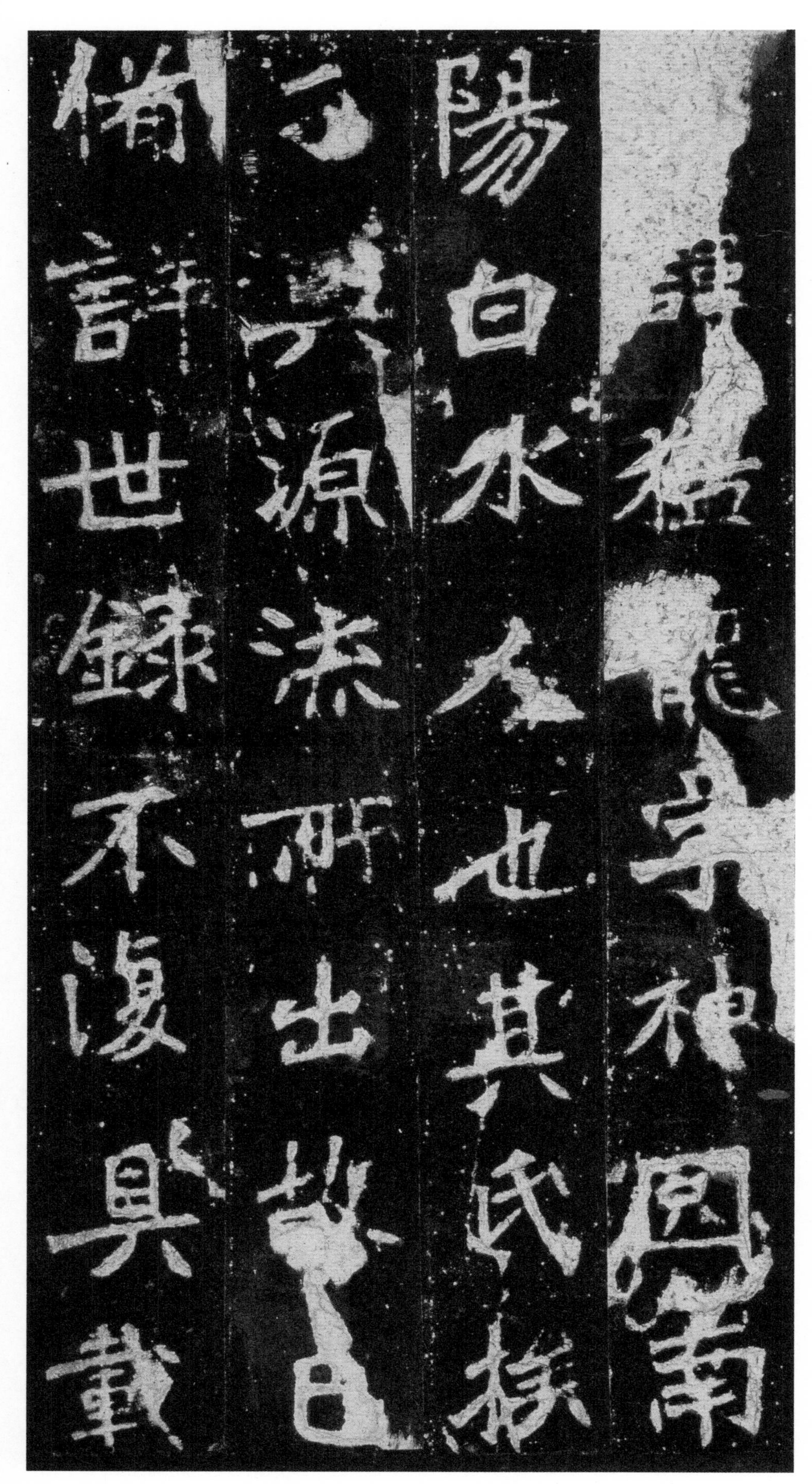

釋文：
□諱猛龍字神□南
陽白水人也其氏挨
分與源流所出故已
備詳世錄不復具載

□□□□盛□□於
帝皇之始德星□□
曜像於朱島之間淵
玄萬壑之□巉岩千

峰之上弈葉清高煥
乎篇牘矣周宣時□
□□仲詩人詠其孝
友光絹姬□中興是

賴晉大夫張先春秋
嘉其聲續漢初趙景
王張耳浮沉秦漢之
間終跨列士之賞口

榦世□君其後也魏
明帝景初中西中郎
將使持節平西將軍
涼州刺史瓊之十世

孫八世祖軌晉惠帝
永口中使持節安西
將軍護羌校尉涼州
刺史西平公七世祖

素軌之第三子晉明
帝大寧中臨羌都尉
平西將軍西海晉昌
金城武威四郡太守

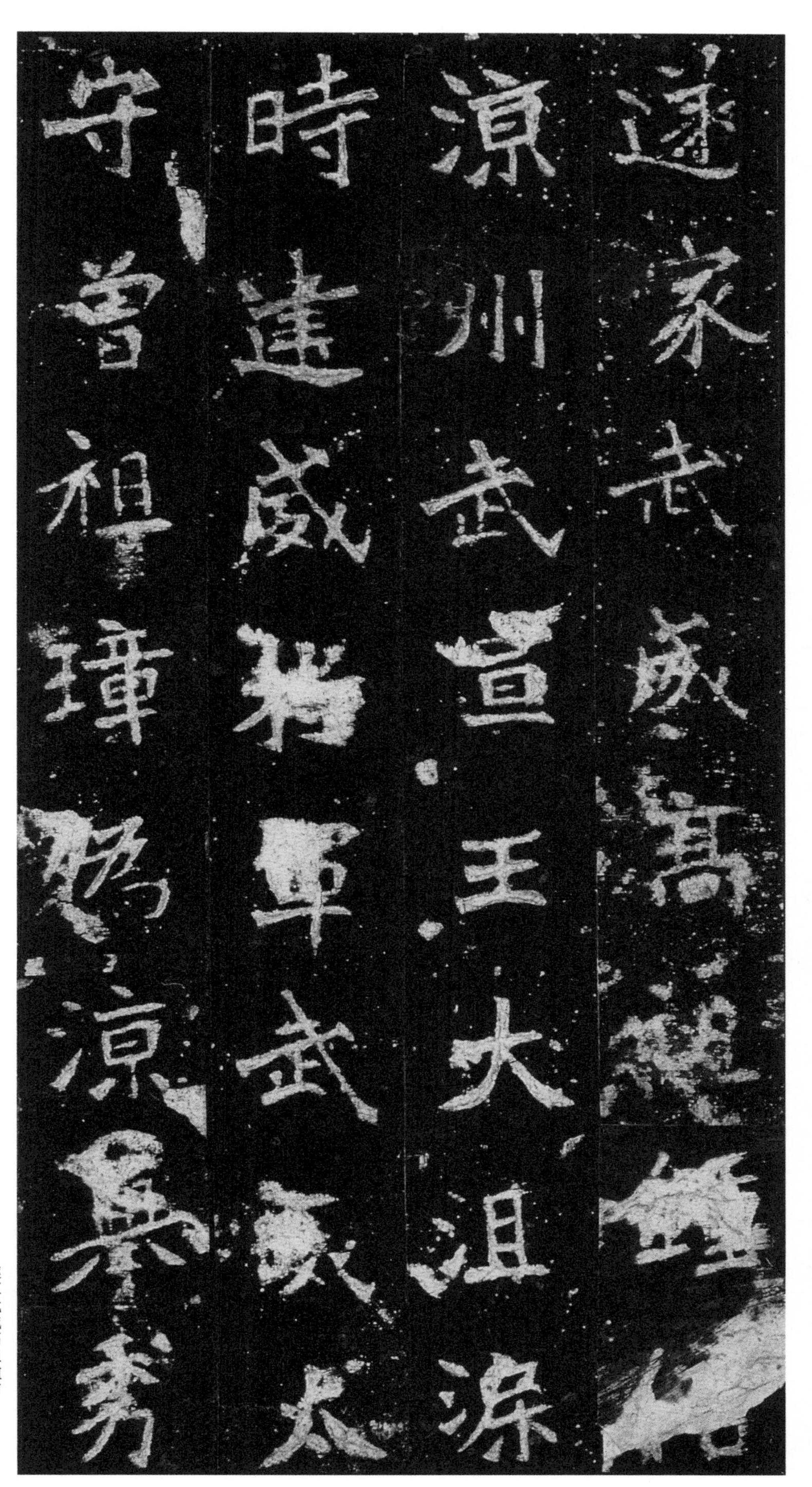

遂家武威高祖鍾信
涼州武宣王大沮渠
時建威將軍武威太
守曾祖璋僞涼舉秀

才夸州治中從□□
西海□□二郡太守
還朝尚書祠部郎羽
林監祖興宗偽涼都

營護軍建節將軍饒
河黃河二郡太守父
生樂□□□□□□
□□□□□□□□

歸國青衿之志白首
方堅君體禀河靈神
資岳秀桂質蘭儀點
弱露以懷芳松心□

□□□□□□□□
□□□自□□朗若
新蘅之當春初荷之
出水入孝出第邦閭

有名雖黃金未應無
漸郭氏友朋□□交
遊□□□□□蒙
幽人表年廿七遭父

憂寢食過禮泣血情
深假使曾柴更世寧
異今德既傾乾覆唯
恃坤慈冬溫夏清曉

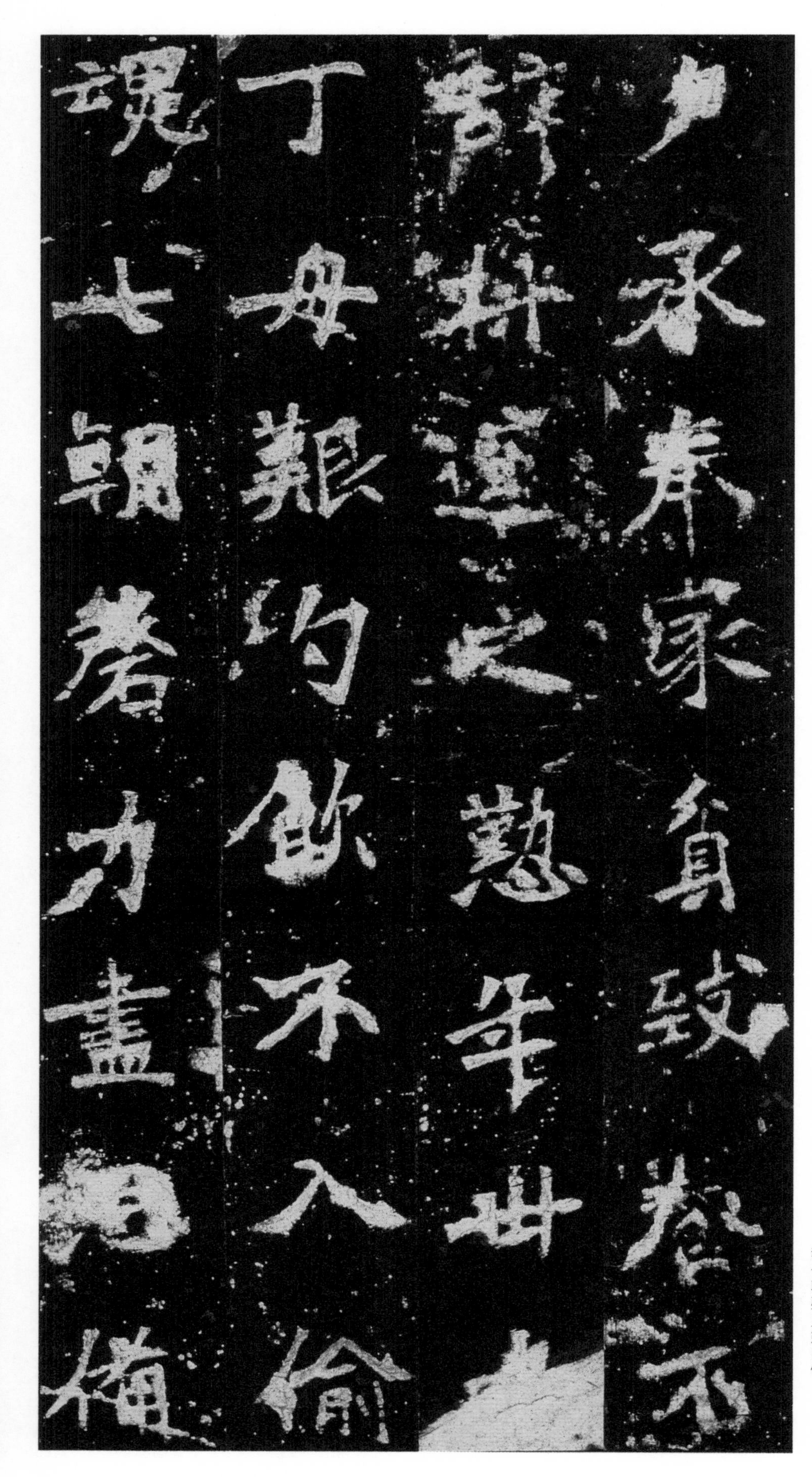

夕承奉家貧致養不
辭採口之勤年卅口
丁母艱勺飲不入偷
魂七朝磬力盡口備

之生死脱時當宣尼
無愧深歎每口過人
孤風獨超令譽日新
聲馳天紫以延日中

出身除奉朝請優遊
文才朋儕慕其雅尚
朝廷以君蔭口如此
德口宣暢以熙平之

年除魯郡太守治民
以禮移風以樂如傷
之痛無怠於夙霄若
子之愛有懷於心目

是使學校剋修比屋
清業農桑勸課田織
以登口境觀朝莫不
禮讓化感無心草石

知變恩及泉木禽魚
自安勝殘不待賒年
有成期月而已遂令
講習之音再聲於闕

里來蘇之歌復詠於
洙口京兆五守無以
剋加河南二尹裁可
若茲雖名位未一風

□□入且易俗之□
黃侯不足比功霄魚
之感密子寧獨稱德
□乃辭金退玉之貞

耿拔葵去織之信義
方之我君今猶古口
詩口愷悌君子民之
父母實恐韶曦遷影

東風改吹盡地□庶
逆深泫慕是以刊石
題詠以旌盛美誠□
能式闡□□庶揚烋

烈□□辭曰
氏煥天文體承帝□
神秀春方靈源在震
積石千尋長松萬刃

軒冕周漢冠蓋魏晉
河靈岳秀月起景飛
窮神開照式口英徽
高山仰止從善如歸

唯德是蹈唯仁是依
栖遲下庭素心若雪
鶴響難留清音遐發
天心乃眷觀光玉闕

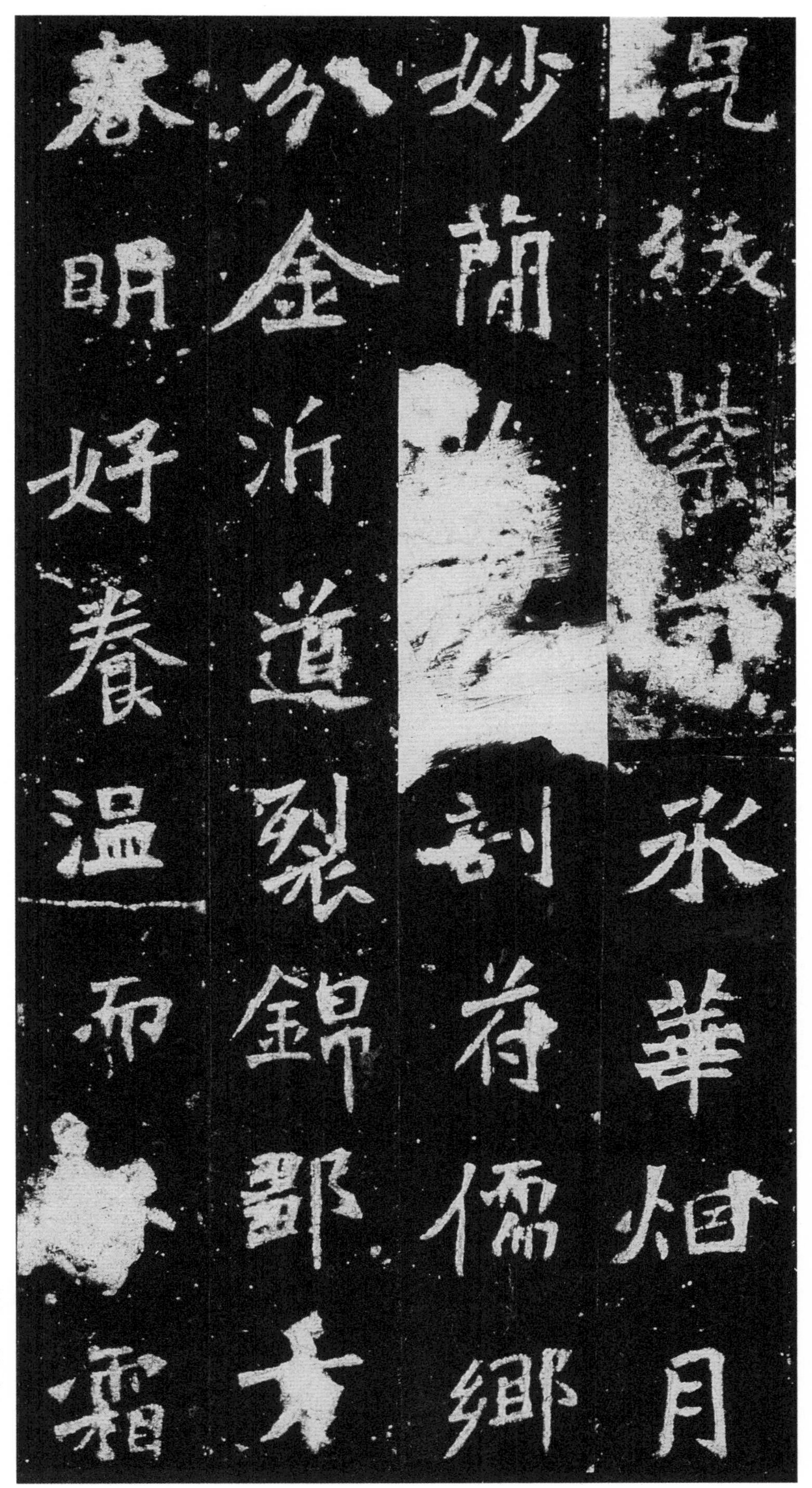

□紱紫□承華煙月
妙簡□□剖符儒鄉
分金沂道裂錦鄉方
春明好養溫而□霜

乃如之人實國之良
禮□□□□□□
□□之恤小大以情
□□□洸濯此群寘

雲褱天淨千里開明
學建禮修風教反正
野畔讓耕林中□□
□□□□□□□□

衣可改留我明聖何
口勿剪恩深在民何
以舅憘風化移新飲
河止滿度海迷津勒

石圖□□□□□
盪寇將軍魯郡承北平
□□□

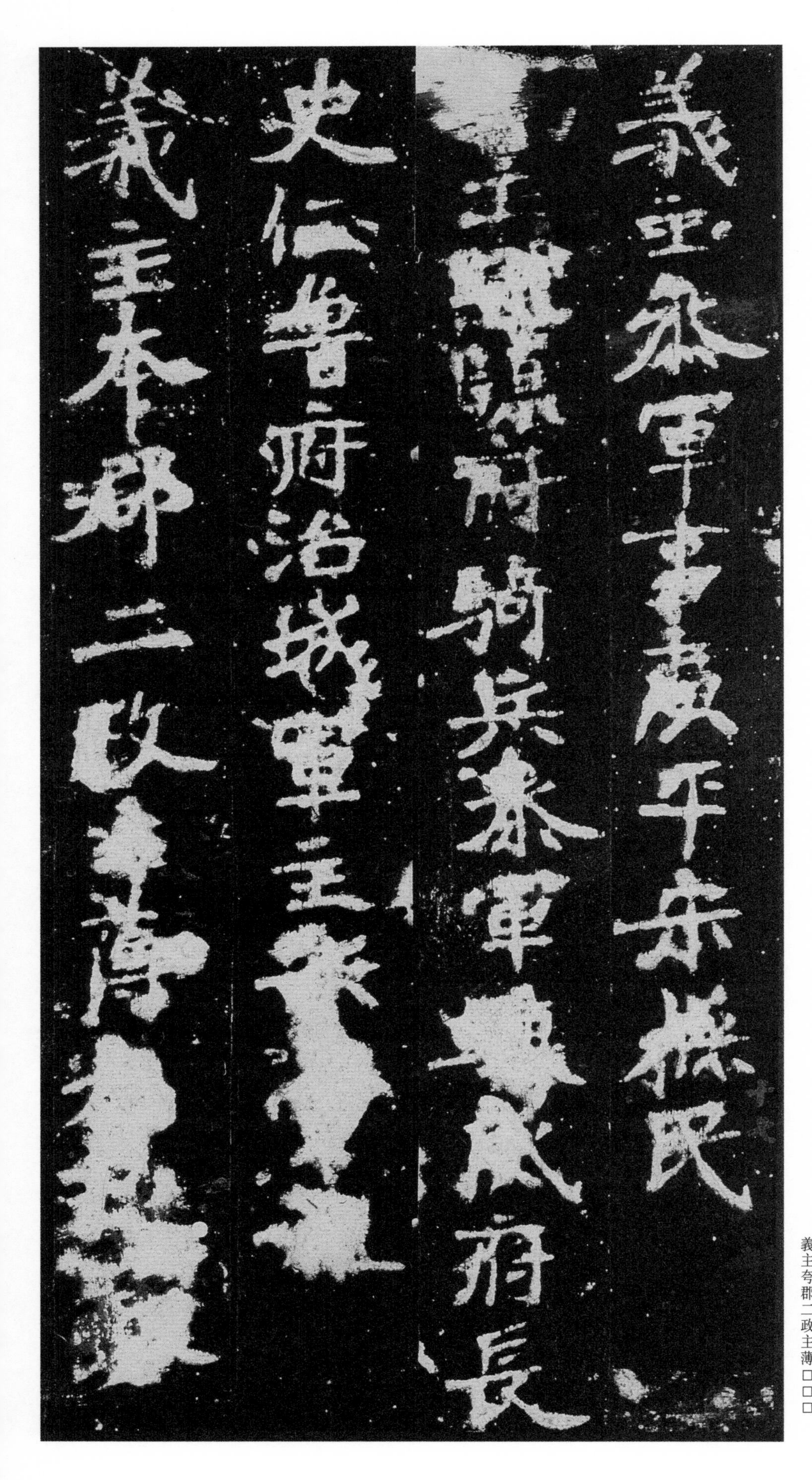

義主參軍事廣平宋撫民
義主驪驤府騎兵參軍驤威府長
史□魯府治城軍主□軍□
義主夸郡二政主薄□□□

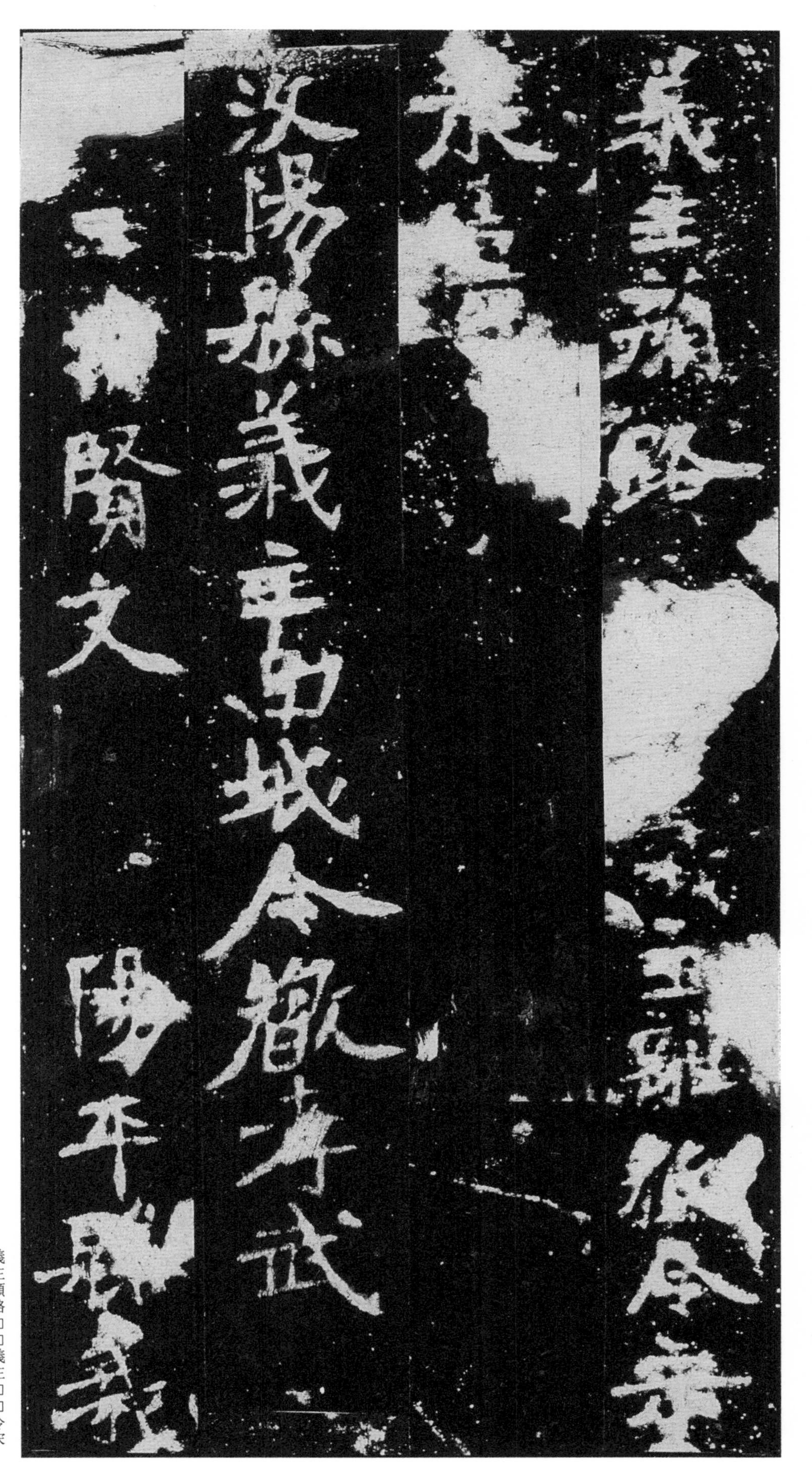

義主顏路□□義主□□令宋承□
汶陽縣義主□城令嚴孝武
□主□賢文陽平縣義

主州主薄王益生
□□□□□
造頌四年正光三年正月廿
三日訖□

6

宋拓　瘞鶴銘

南朝梁

頁縱二十四．五厘米　橫十四．六厘米　十五頁

Inscription on cliff face stone of Yi He (burial of crane)
Made in Liang, Southern Dynasties
Rubbings of Song Dynasty
Mounted album of 15 leaves
Each leaf: 24.5 × 14.6cm

白綾鑲邊剪條裱裝成冊，為潘寧舊藏宋拓本。所拓為第四石，共三十字（有一字幾泐盡）。王文治、潘寧、費叔釗、鐵保等題跋。

《瘞鶴銘》為摩崖刻石，在丹徒（今江蘇鎮江）焦山西麓崖石上。據宋代黃長睿考證，刻於梁天監十三年（五一四）。正書，十二行，行二十三或二十五字不等。北宋時石崩墜入江中，碎為五塊。春夏水漲石沒不可拓，秋冬水枯時方可拓取。清康熙五十二年（一七一三），蘇州守陳鵬年募工撈出五石，移置焦山西南觀音庵，拼合為一，時存九十餘字，現在焦山寶墨軒。因刻石先後變遷，其拓本便有出水前拓和出水後拓之別。石在水中，捶拓艱難，拓工只拓容易拓的部分，不求字全，所以出水前拓時間雖早但得字反比出水後拓為少。

《瘞鶴銘》未刻書者姓名，宋代黃庭堅以為王羲之書，歐陽修《集古錄》以為華陽真逸撰刻，黃長睿以為陶弘景書，眾說不一，但皆為推測。對其書法藝術的讚譽則歷久不衰，稱為派兼南北的傑作。因書鐫岩石，故其行款之疏密，字之多寡大小，皆依勢佈列，氣韻自然，氣勢宏逸，令人玩味不盡。王澍云：「其書法雖已剝蝕，然蕭疏淡遠，固是神仙之跡。」

此拓本「相此胎禽」之「相」字末筆尚存，為出水前宋拓善本。鐵保讚之曰：「風神宛然，如對真跡。」

鑒藏印記：「詒硯廬主珍藏金石書畫之章」、「師晉齋珍藏」、「鐵卿鑒定」等。

宋搨瘞鶴銘 神品 潘寧題

丹徒食舊堂王氏收藏

釋文：真侶

瘗尔

遂吾

山之

下仙

家
口

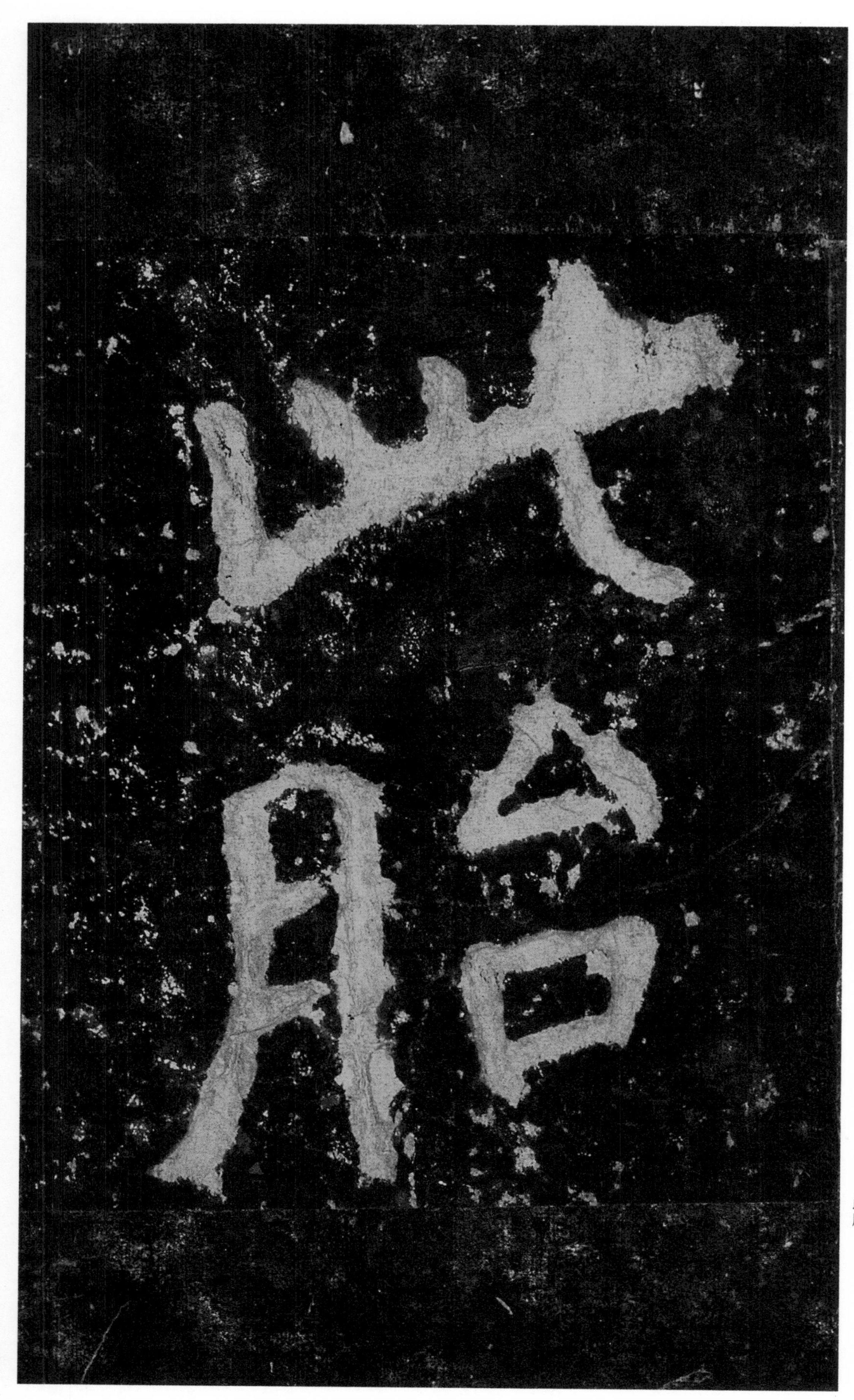

此
胎

禽浮

髣髴（彷彿）

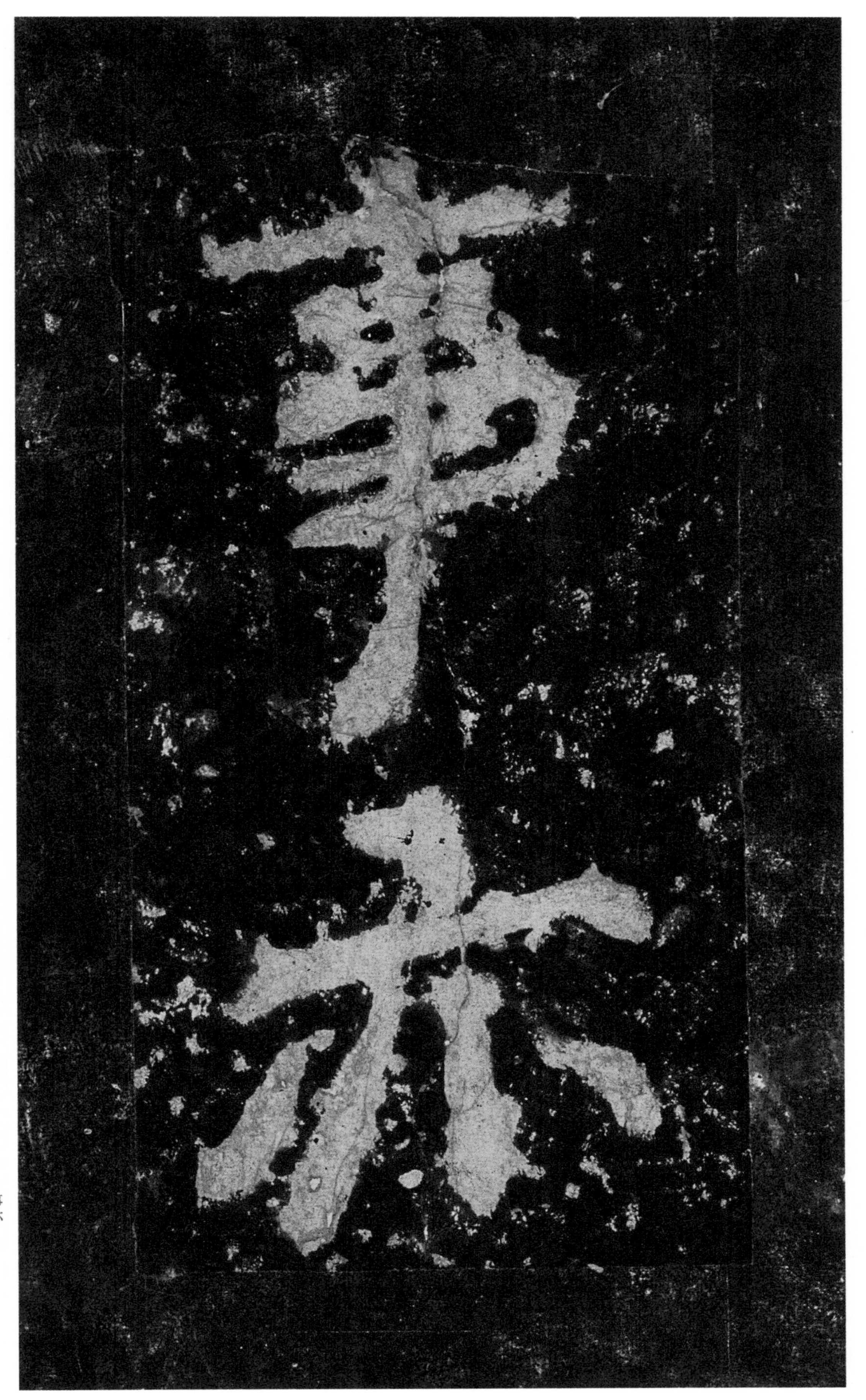

事
亦

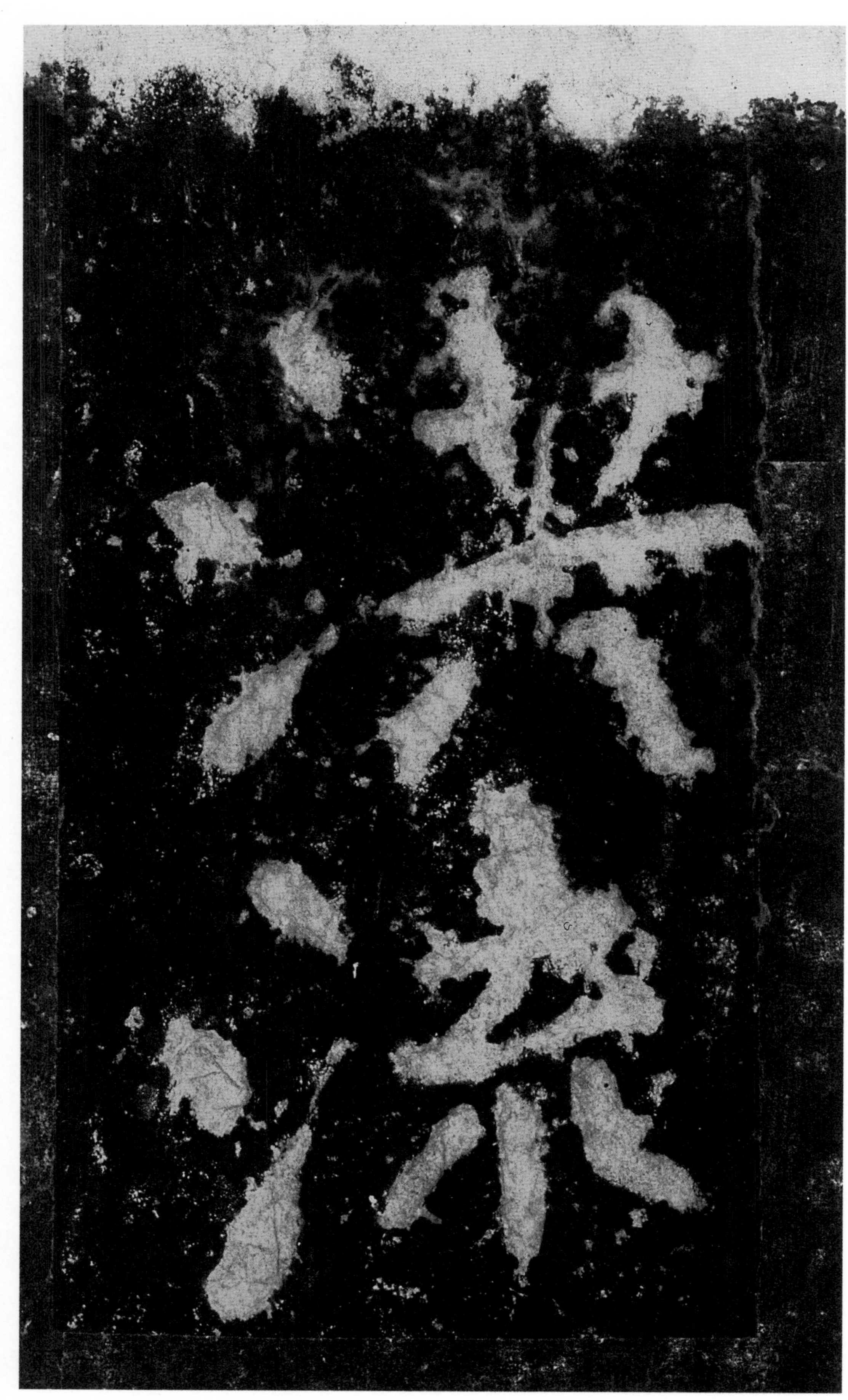

洪流

前固

重唯

□相

此帖無論為右軍為貞白書，終當高出唐刻數等。嗚呼！壽珍而得古刻難求，余獲藏此，豈非百年中一大快事哉。石貞子識於京邸寓

此乃石沉江水時宋搨本，後山陽張力臣所圖仰面石六行，即存此三十字。較今出水搨剝落稍異，蓋後又重加脩剔，似更清楚，但無此神充氣足。黃培翁品為第一，斷珪殘璧，豈非至寶。

乙巳歲十一月朔山陰潘寧識於焦山石壁精舍

陋夫題跋

古帖雖夥，能處處精當，然與聽醫者迥異，偏私至王虛舟極矣，不知當時何以重之。

潘陋夫書九宮極準，限於天分耳，近人能至此者鮮矣。

此帖乃海門鮑氏物一日與雅堂於徽
篋中檢殘書予乃乞得之既裒漢戊
冊重示雅、堂、驚異且有悔容予曰既
蒙見畀豈可復奪雅堂乃佯笑
曰予久知其佳然不能脫傚固、故以

寶劍贈烈士耳然雅堂見與時賓
不知此帖之佳至此也予不肯沒其從
來處爰紀實於冊尾云
乾隆四十三年戊戌秋七月久雨新晴
秋光迥几展所藏法帖縱觀因記

瘞鶴銘世本此冊只存僅卅餘字而風神竟如對真蹟者生平所見以此為第一嘉慶乙亥六月余于役吉林家門人壽卿屬題數字以泐年月

梅翁錢保 時年六十四

癸亥季夏十日晉陵費兆錕石賓獲藏是寶書以識幸

7

宋拓　歐陽詢書九成宮醴泉銘

唐

頁縱二十·九厘米　橫十三·九厘米　五十二頁

Inscription on stele of Li Quan in Jiu Cheng Palace
Written by Ouyang Xun, Tang Dynasty
Rubbings of Song Dynasty
Mounted album of 52 leaves
Each leaf: 20.9 × 13.9cm

白紙鑲邊剪裱本。方薰題簽，張效彬題跋。北宋拓本，為清高士奇、趙懷玉所藏明駙馬李祺本。

《九成宮醴泉銘碑》高二·四四米，寬一·一八米，魏徵撰文，歐陽詢書。碑額篆書，碑文楷書，二十四行，行五十字。唐貞觀六年（六三二）六月立於麟遊（今陝西寶雞東北）九成宮。九成宮是隋、唐帝王避暑的行宮，隋稱仁壽宮，貞觀中改九成宮，永徽間又更名萬年宮。碑載，貞觀六年四月唐太宗至此，「歷覽臺觀，閑步西城之陰，躊躇高閣之下。俯察厥土，微覺有潤，因而以杖道之，有泉隨而涌出。乃成以石欄，引為一渠，其清若鏡，味若如醴」。說明了醴泉的由來。銘末曰：「黃屋非貴，天下為憂。人玩其華，我取其實。還淳反本，代文以質。居高思墜，持滿戒溢。」頌中有諷，是魏徵對太宗的諫語。

歐陽詢（五五七—六四一），字信本，潭州臨湘人（今長沙）。隋時為太敘博士。入唐，累擢給事中，歷太子率更令，弘文館學士。詢書八體盡善，行楷書於平正中見險勁，稱歐體。存世墨跡有《仲尼夢奠帖》、《卜商帖》、《張翰帖》，碑版有《宗聖觀記》、《房彥謙碑》、《九成宮醴泉銘》、《化度寺邕禪師舍利塔銘》、《皇甫碑》、《虞恭公碑》等。《九成宮醴泉銘》是歐陽詢晚年手筆，法度嚴整，骨氣勁峭，渾厚沉勁，意態飽滿。寫撇、捺敘用圓筆成全字有力的支撐，表現了容隸於楷的特點。正如郭尚先所評：「《醴泉銘》高華渾樸，體方筆圓，此漢之分隸、魏晉之楷合併醞釀而成者。」因此千百年來，此碑成為人們臨習楷書的範本。

今此碑原石尚存，但經剜鑿，損泐過多，已非原貌。此拓本中「長廊四起」的「四」字（第八頁）、「雲霞蔽虧」的「蔽虧」二字（第九頁）完好，拓工精良，字體保持原貌，為現存善本之最。

鑒藏印記：「味辛」等。

宋搨歐陽醴泉銘

釋文：
九成

宮醴

泉銘

九成宮醴泉銘
祕書監撿校
侍中鉅鹿郡
公臣魏徵奉

敕撰
維貞觀六年孟
夏之月
皇帝避暑乎九

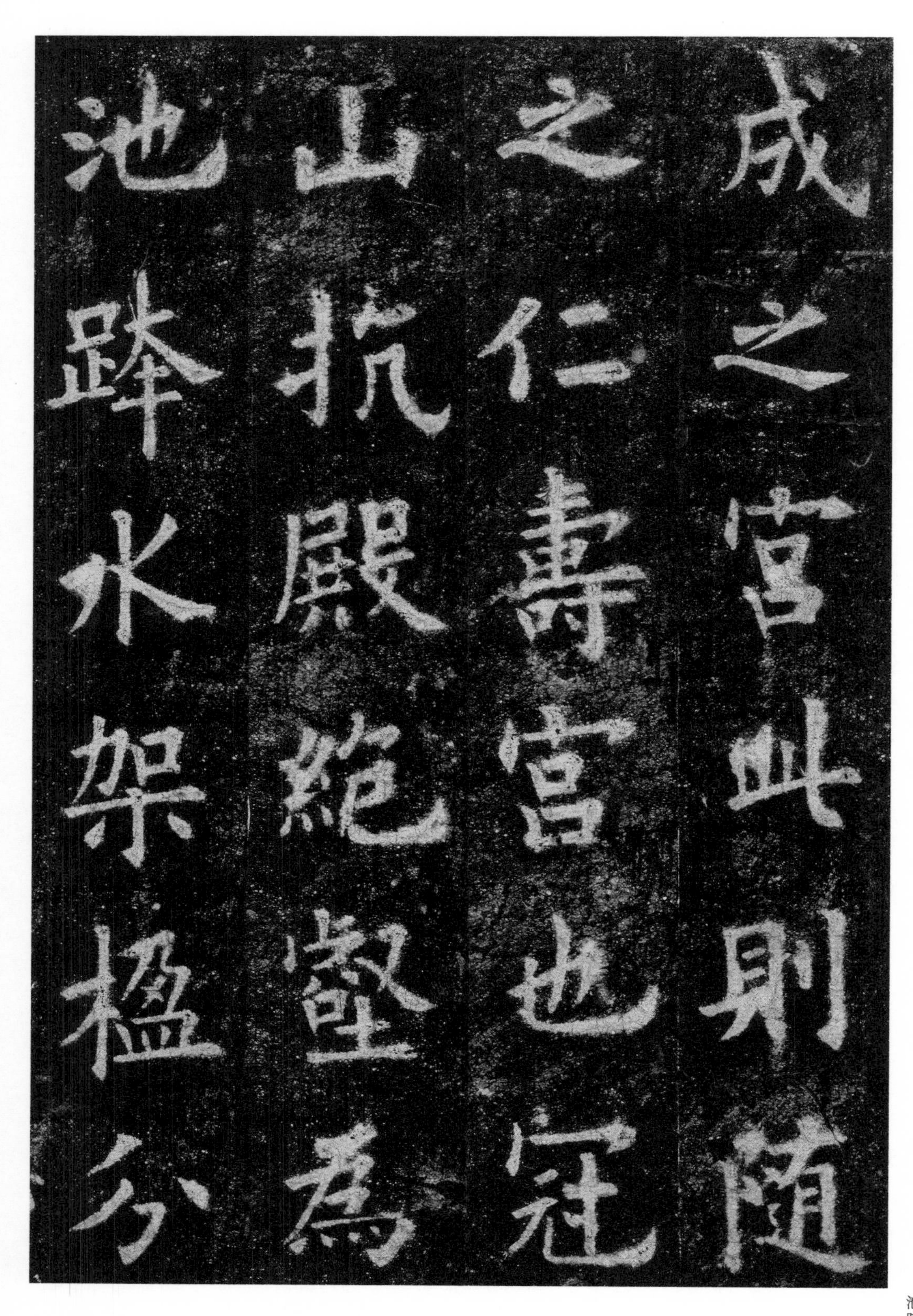

成之宮此則隋
之仁壽宮也冠
山抗殿絕壑為
池跨水架楹分

巖竦闕高閣周
建長廊四起棟
宇膠葛臺榭參
差仰視則迢遰

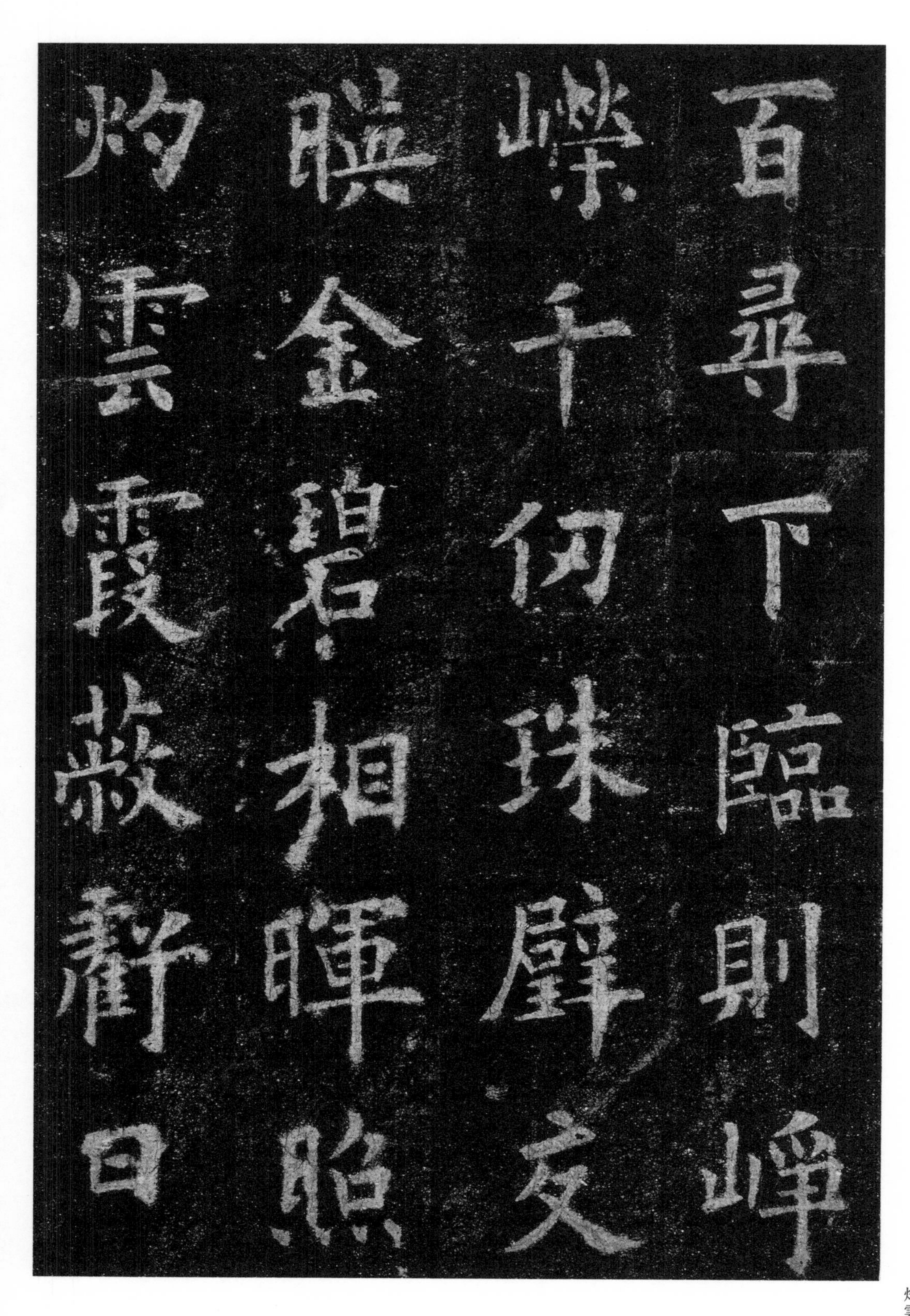

百尋下臨則崢
嶸千仞珠壁交
映金碧相暉照
灼雲霞蔽虧日

月觀其移山迴
澗窮泰極侈以
人從欲良足深
尤至於炎景流

金無爵蒸之氣
微風徐動有凄
清之涼信安體
之佳所誠養神

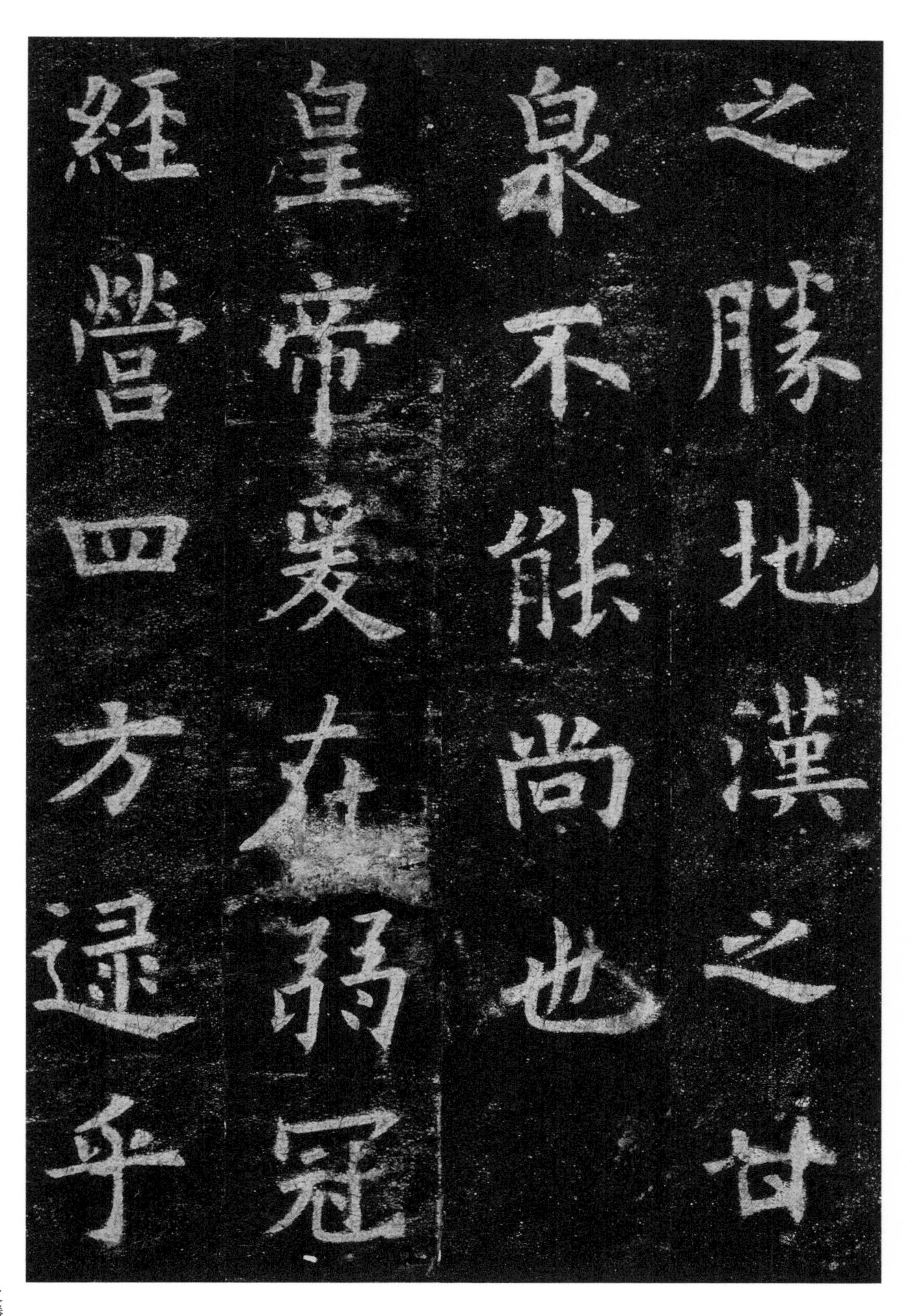

之勝地漢之甘
泉不能尚也
皇帝爰在弱冠
經營四方逯乎

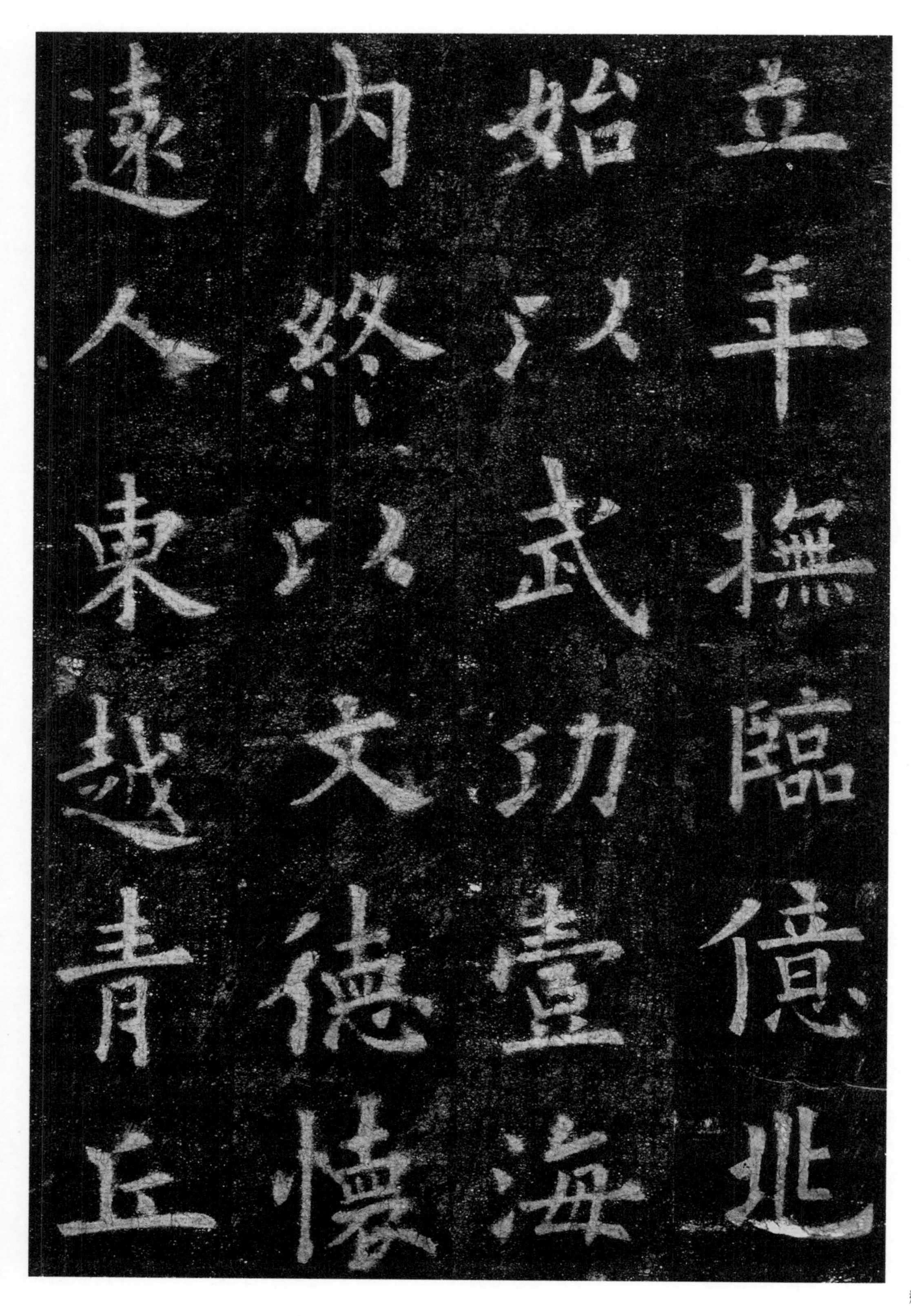

立年撫臨億兆
始以武功壹海
內終以文德懷
遠人東越青丘

南踰丹徼皆獻
琛奉贄重譯來
王西暨輪臺北
拒玄闕並地列

州縣人充編戶
氣淑年和邇安
遠肅群生咸遂
靈貺畢臻雖藉

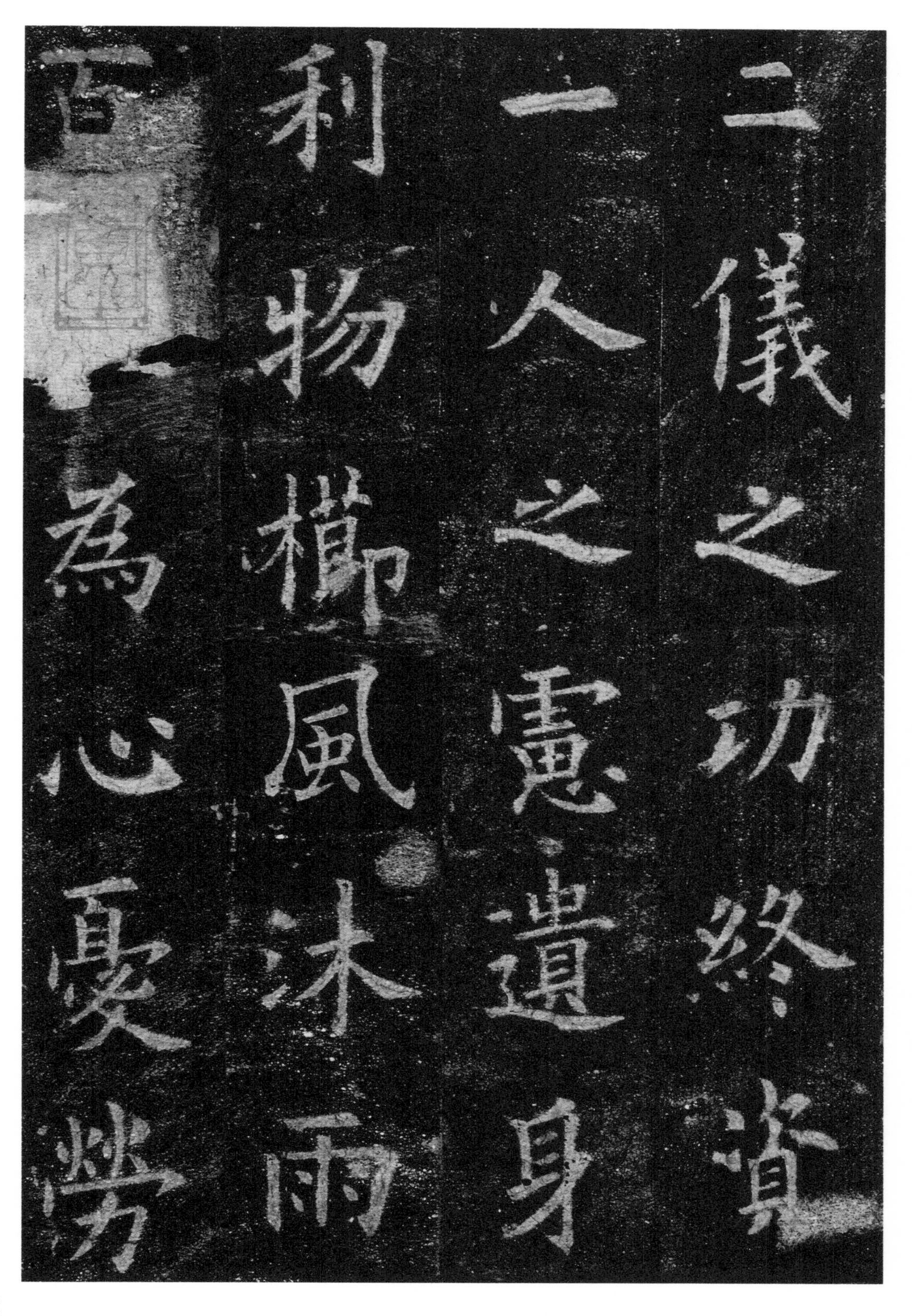

二儀之功終資
一人之慮遺身
利物櫛風沐雨
百姓為心憂勞

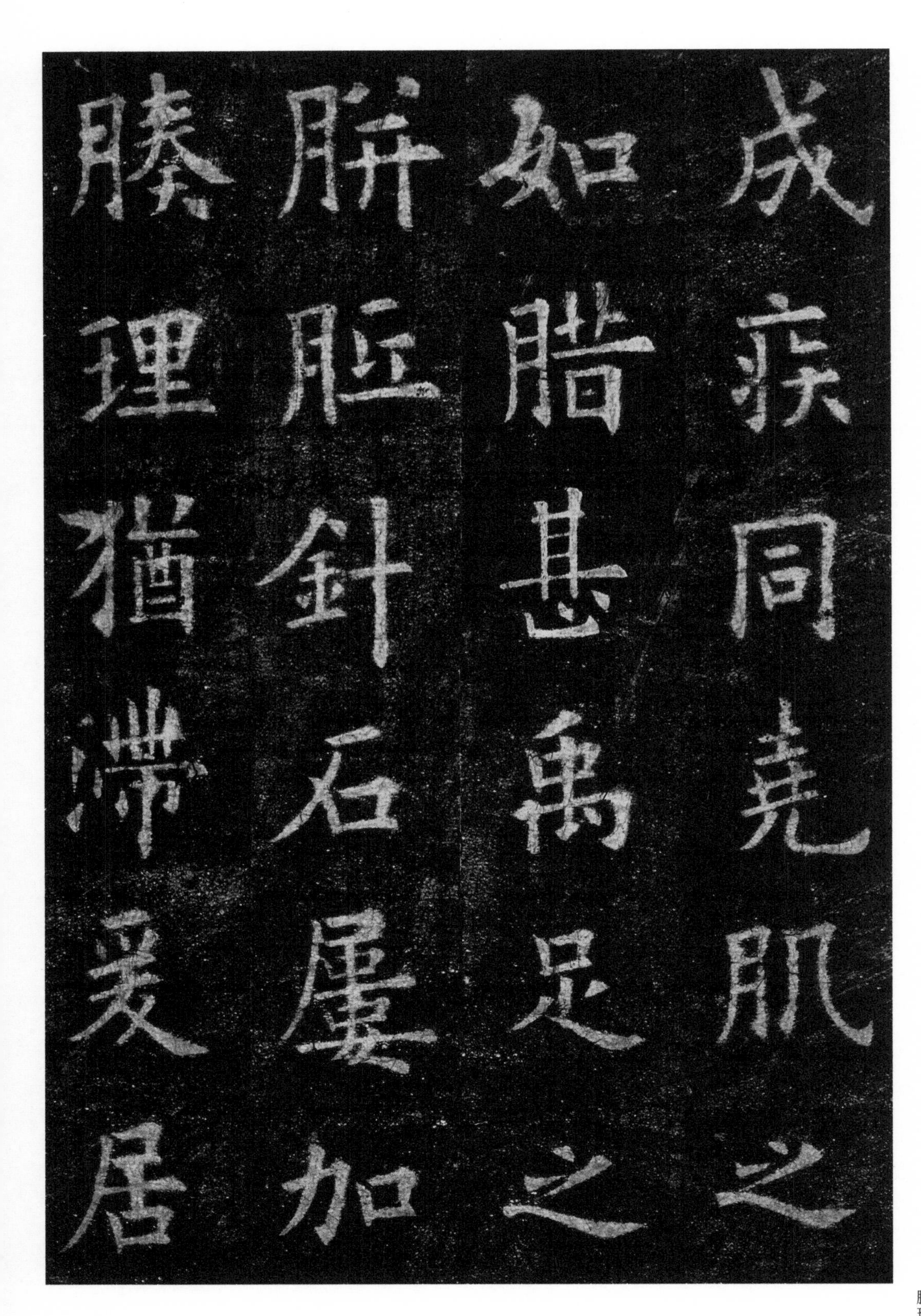

成疾同堯肌之
如臘甚禹足之
胼胝針石屢加
腠理猶滯爰居

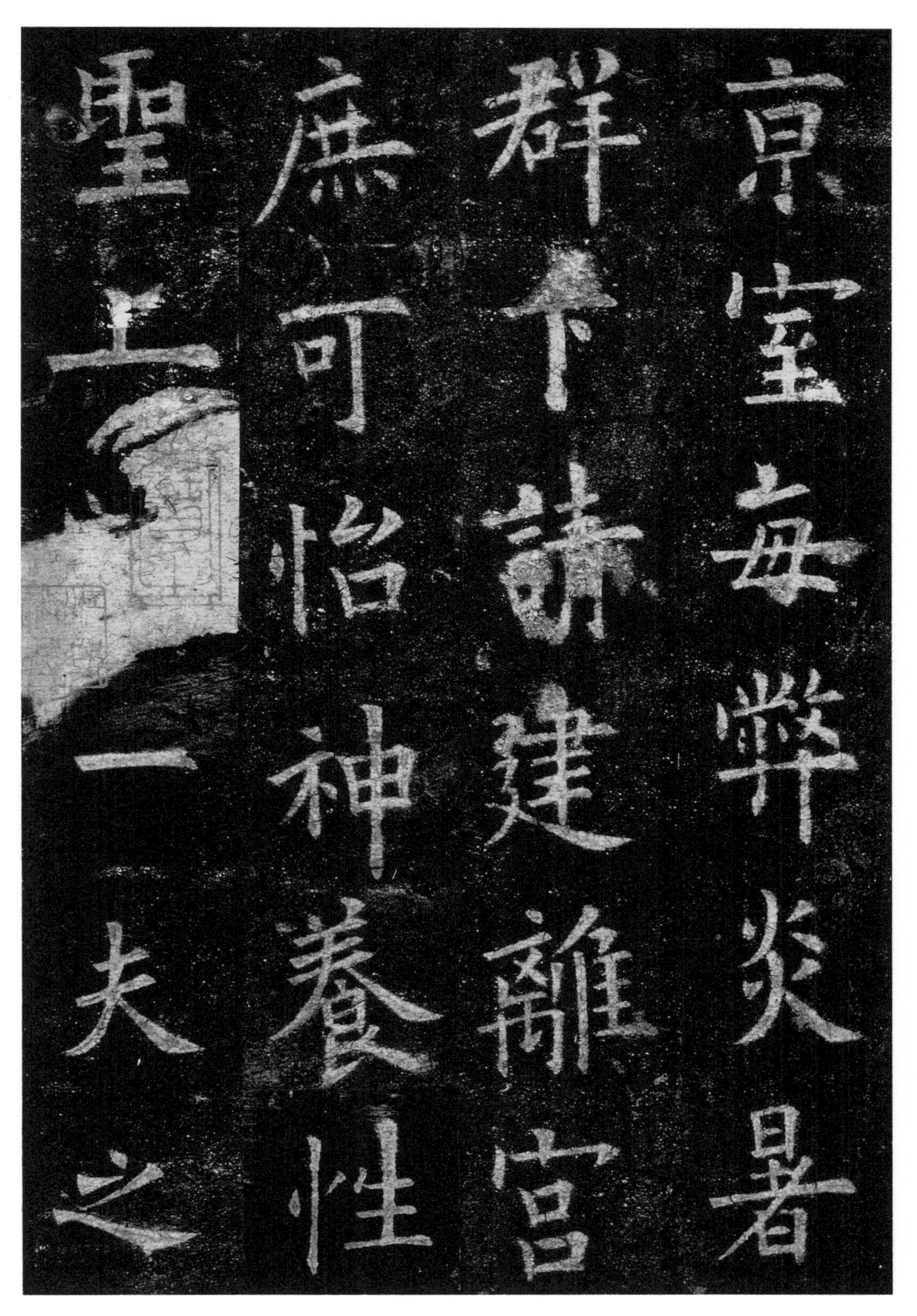

京室每弊炎暑
群下請建離宮
庶可怡神養性
聖上口一夫之

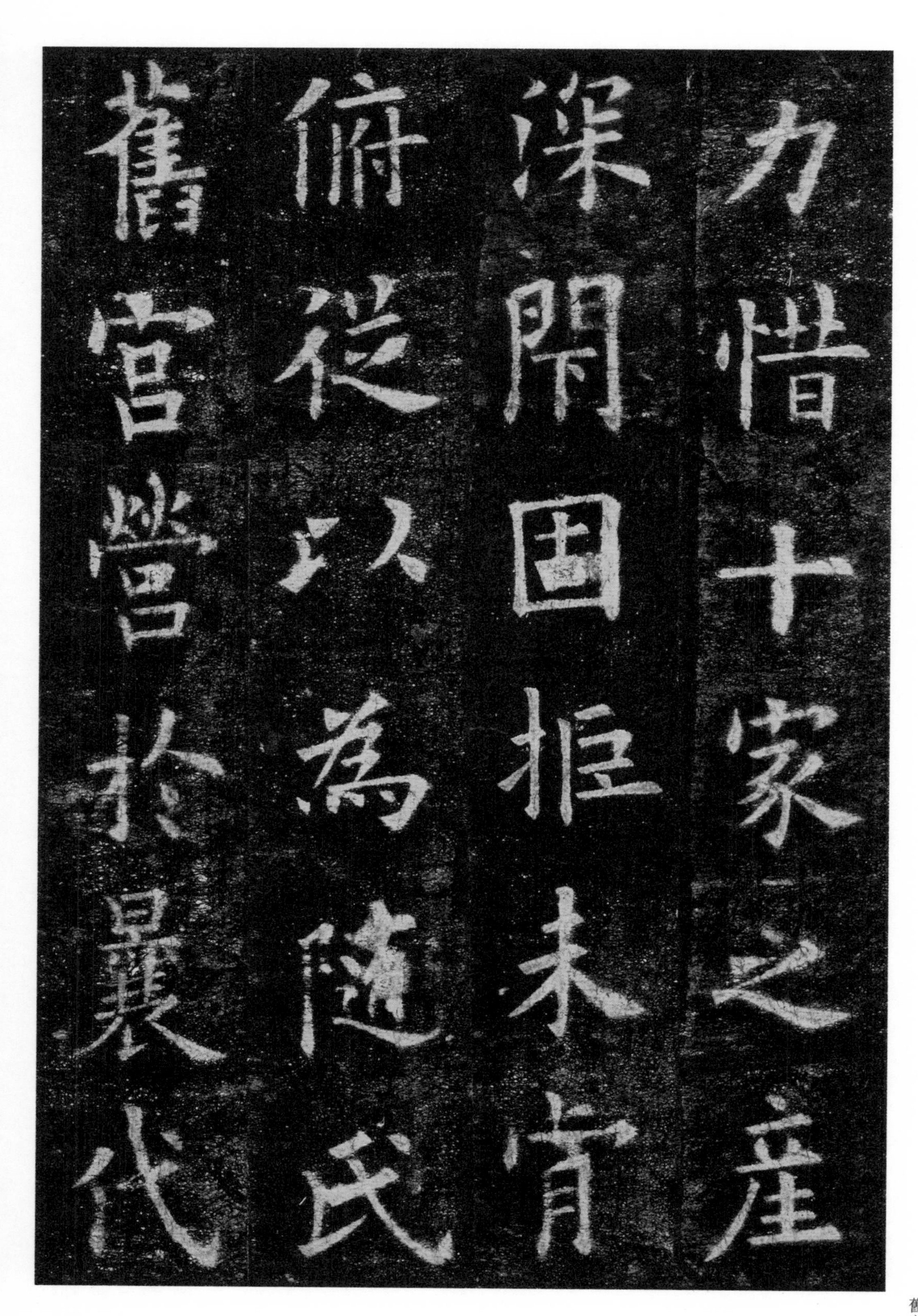

力惜十家之產
深閇固拒未胥
俯從以為隨氏
舊宮營於曩代

棄之則可惜毀
之則重勞事貴
因循何必改作
於是斲雕為樸

損之又損去其
泰甚葺其頽壞
雜丹墀以沙礫
間粉壁以塗泥

玉砌接於土階
茅茨續於瓊室
仰觀壯麗可作
鑒於既往俯察

卑儉足垂訓於
後昆此所謂至
人無為大聖不
作彼竭其力我

亨其功者也然
昔之池沼咸引
谷澗宮城之內
本乏水源求而

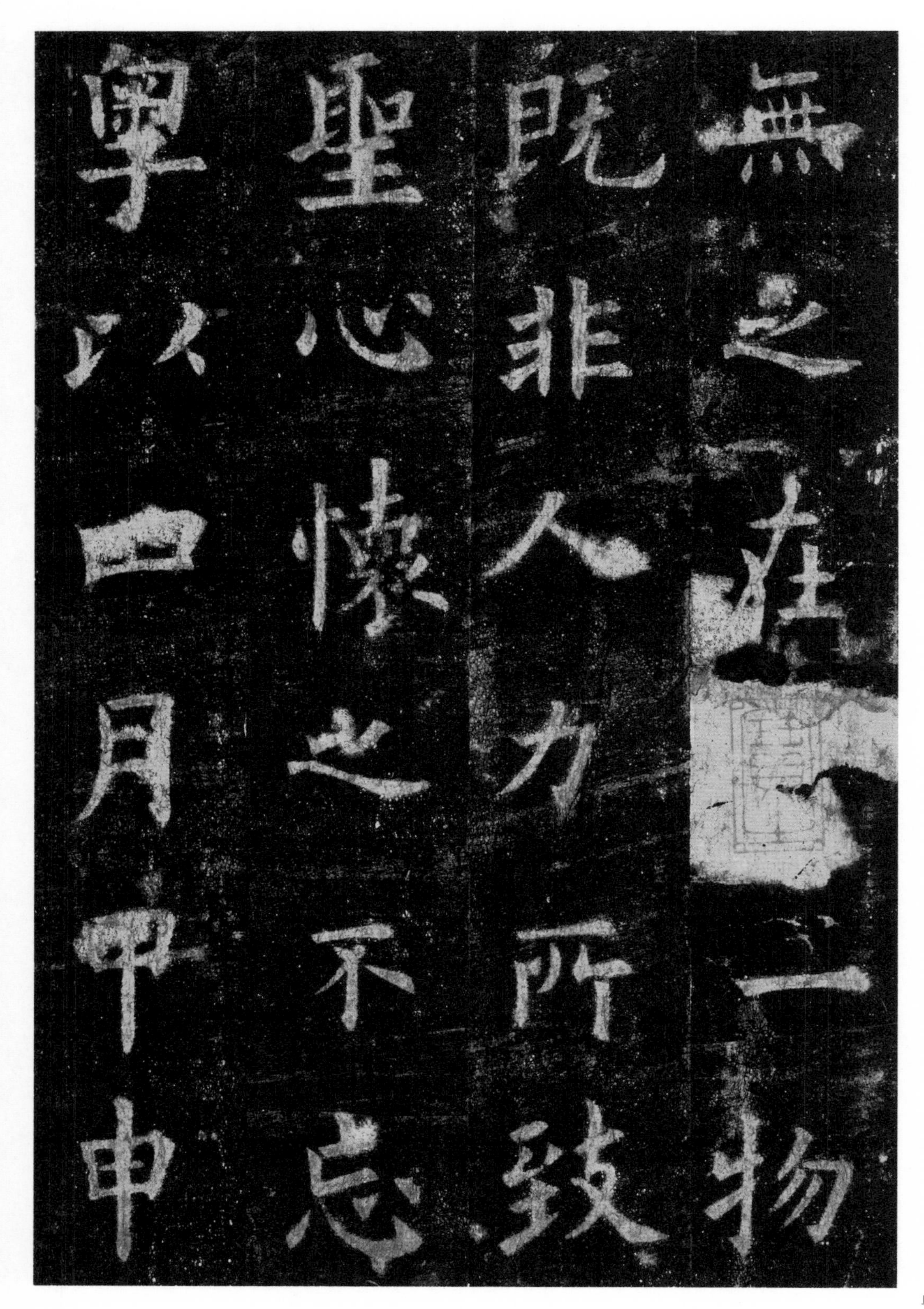

無之在口一物
既非人力所致
聖心懷之不忘
粵以四月甲申

朔旬有六日己
亥上及中宮
歷覽臺觀閑步
西城之陰躊躇

高閣之下俯察
厥土微覺有潤
因而以杖導之
有泉隨而涌出

乃承以石檻引
為一渠其清若
鏡味甘如醴南
注丹霄之右東

流度於雙闕貫
穿青瑣縈帶紫
房激揚清波滌
蕩瑕穢可以導

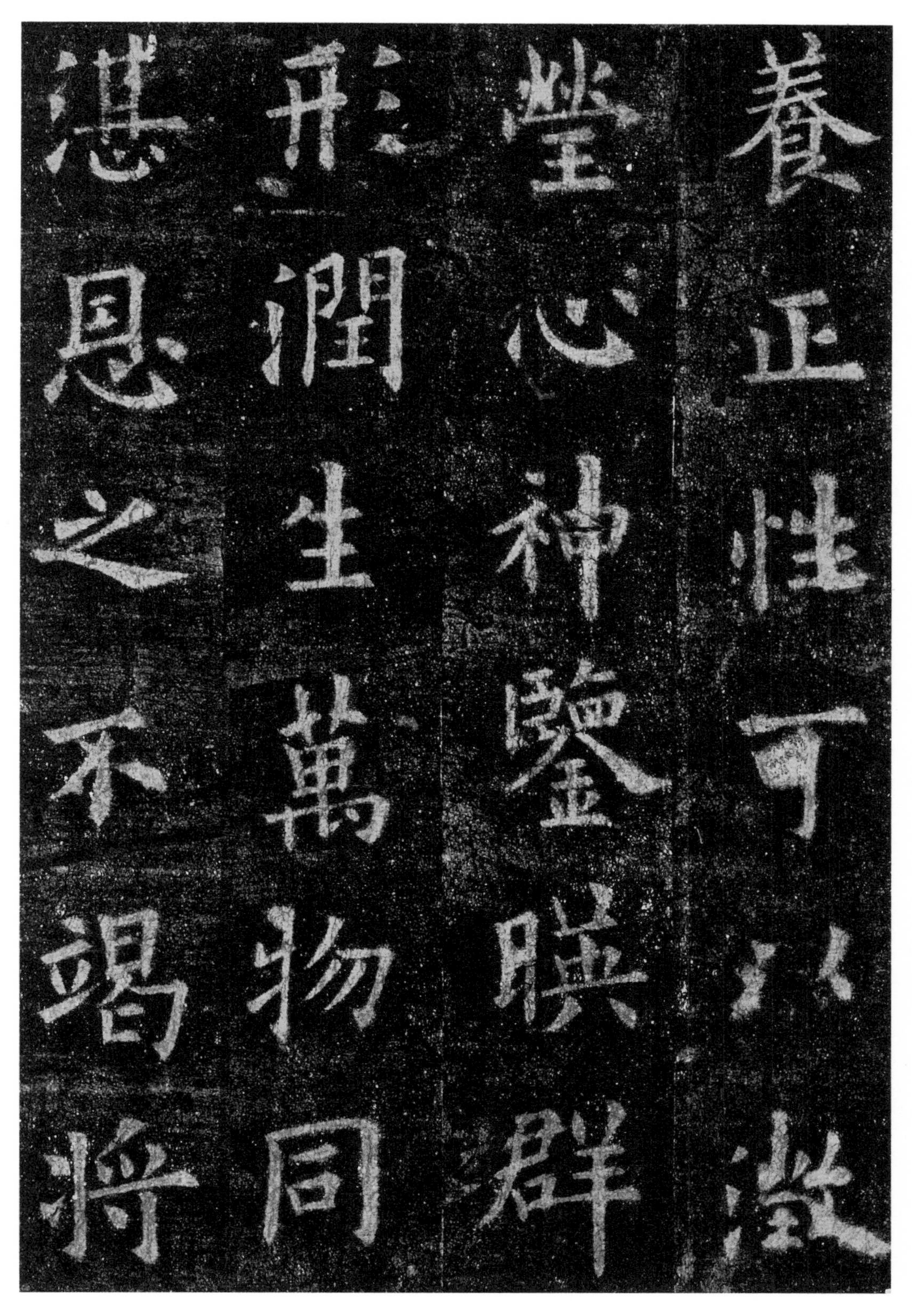

養正性可以徵
瑩心神鑒映群
形潤生萬物同
湛恩之不竭將

玄澤口常流匪
唯乾象之精蓋
亦坤靈之寶謹
案禮緯云王者

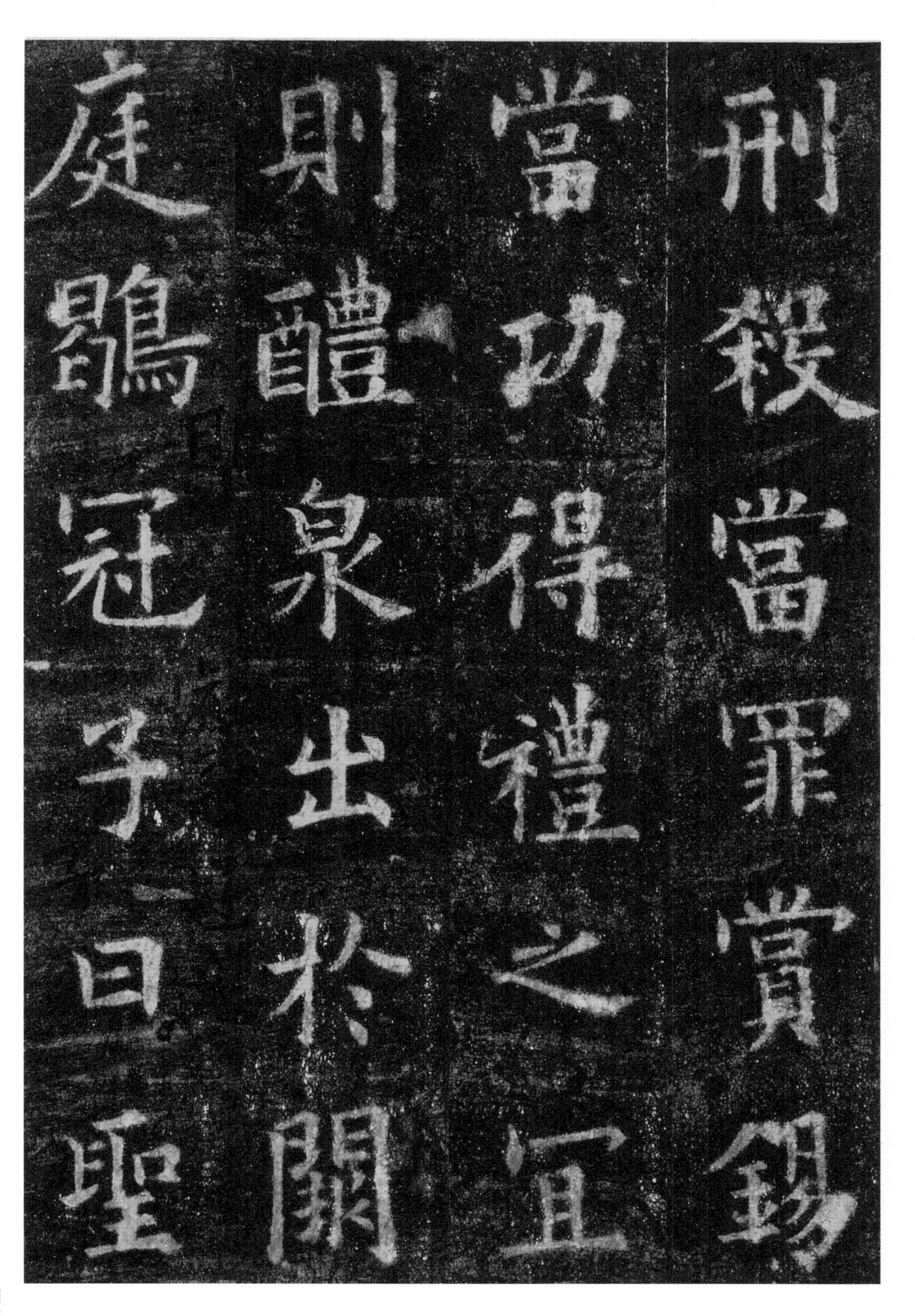

刑殺當罪賞錫
當功得禮之宜
則醴泉出於闕
庭鶡冠子曰聖

人之德上及太
清下及太寧中
及萬靈則醴泉
出瑞應圖曰王

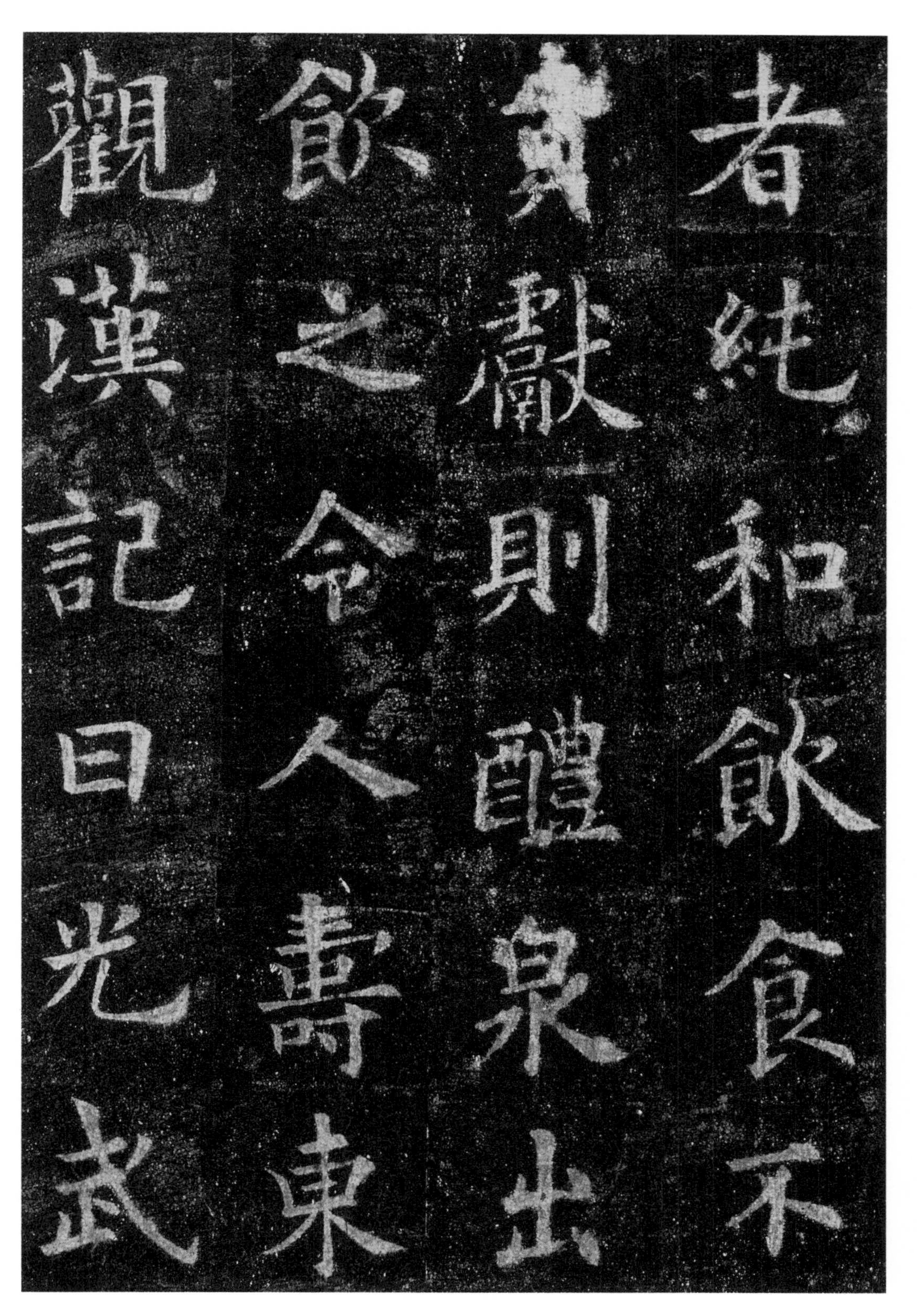

者純和飲食不
貢獻則醴泉出
飲之令人壽東
觀漢記曰光武

中元元年醴泉
出京師飲之者
痼疾皆愈然則
神物之來寔扶

明聖既可蠲茲
沉痼又將延彼
遐齡是以百辟
卿士相趨動色

我后固懷撝挹
推而弗有雖休
勿休不徒聞於
往昔以祥為懼

實取驗於當今
斯乃上帝玄
苻天子令德
豈臣之末學所

能丕顯但職在
記言屬茲書事
不可使國之盛
美有遺典策敢

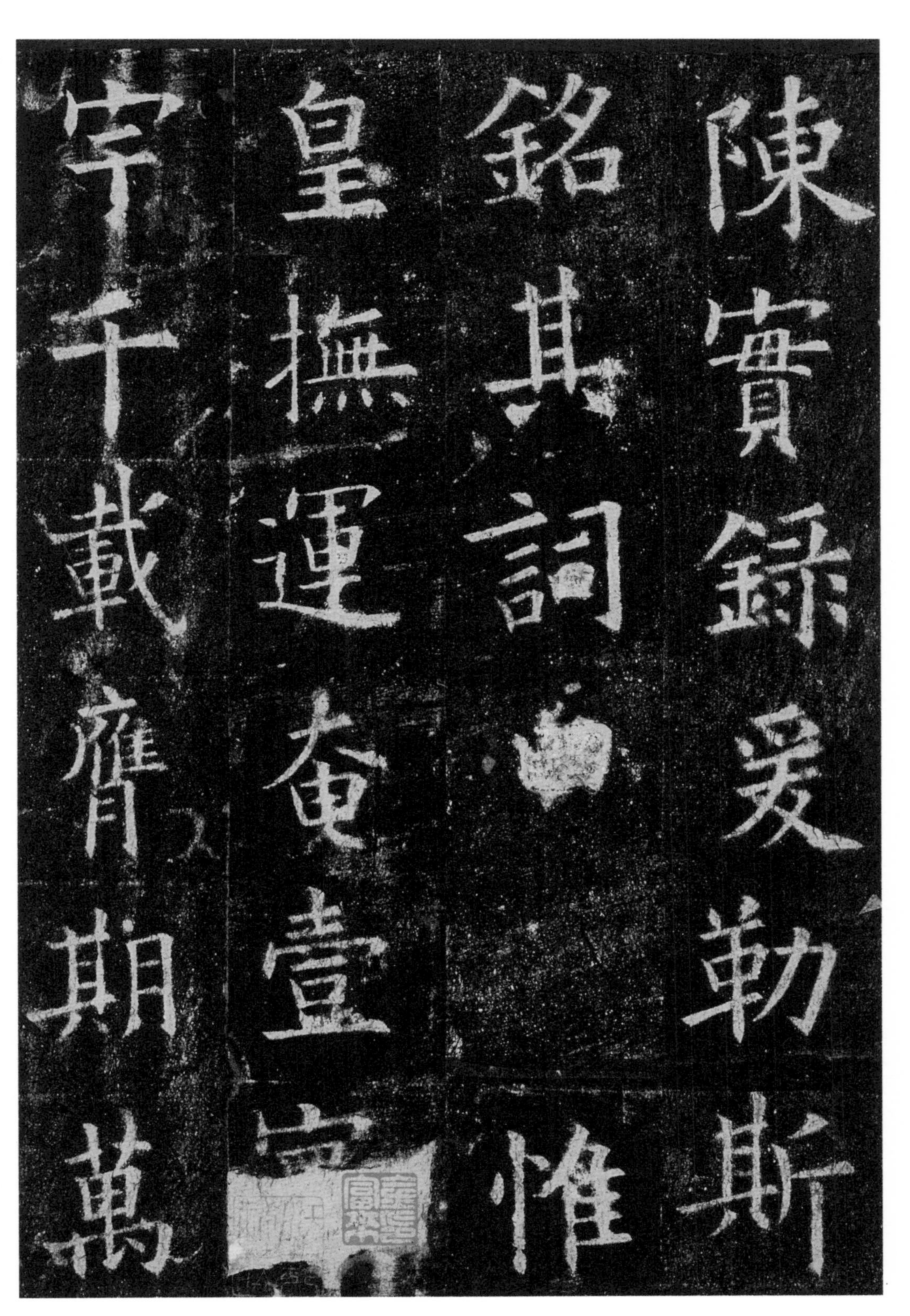

陳實錄爰勒斯
銘其詞曰惟
皇撫運奄壹寰
宇千載膺期萬

物斯覩功高大
舜勤深伯禹絕
後光前登三邁
五握機蹈矩乃

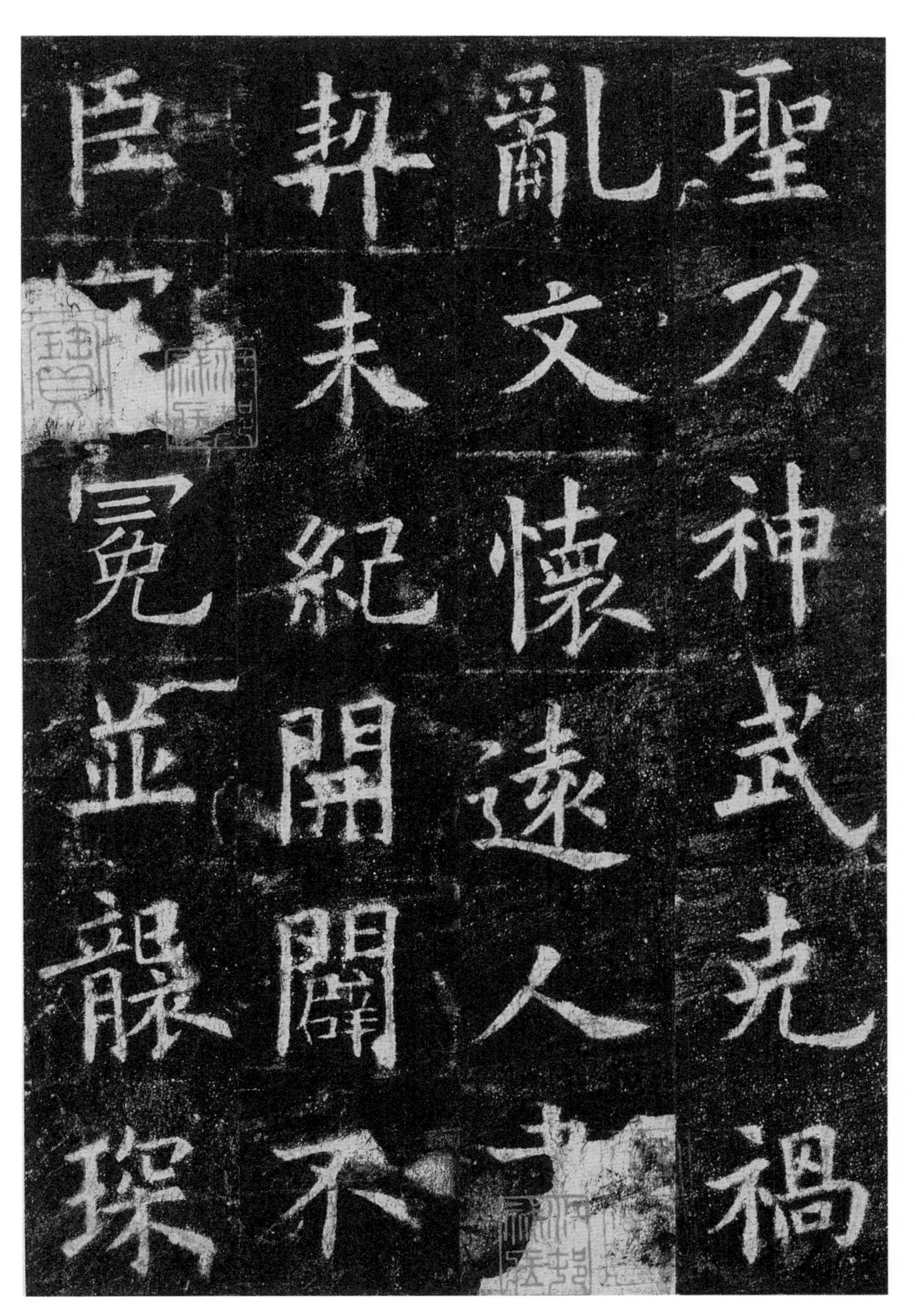

聖乃神武克禍
亂文懷遠人書
契未紀開闢不
臣冠冕並襲琛

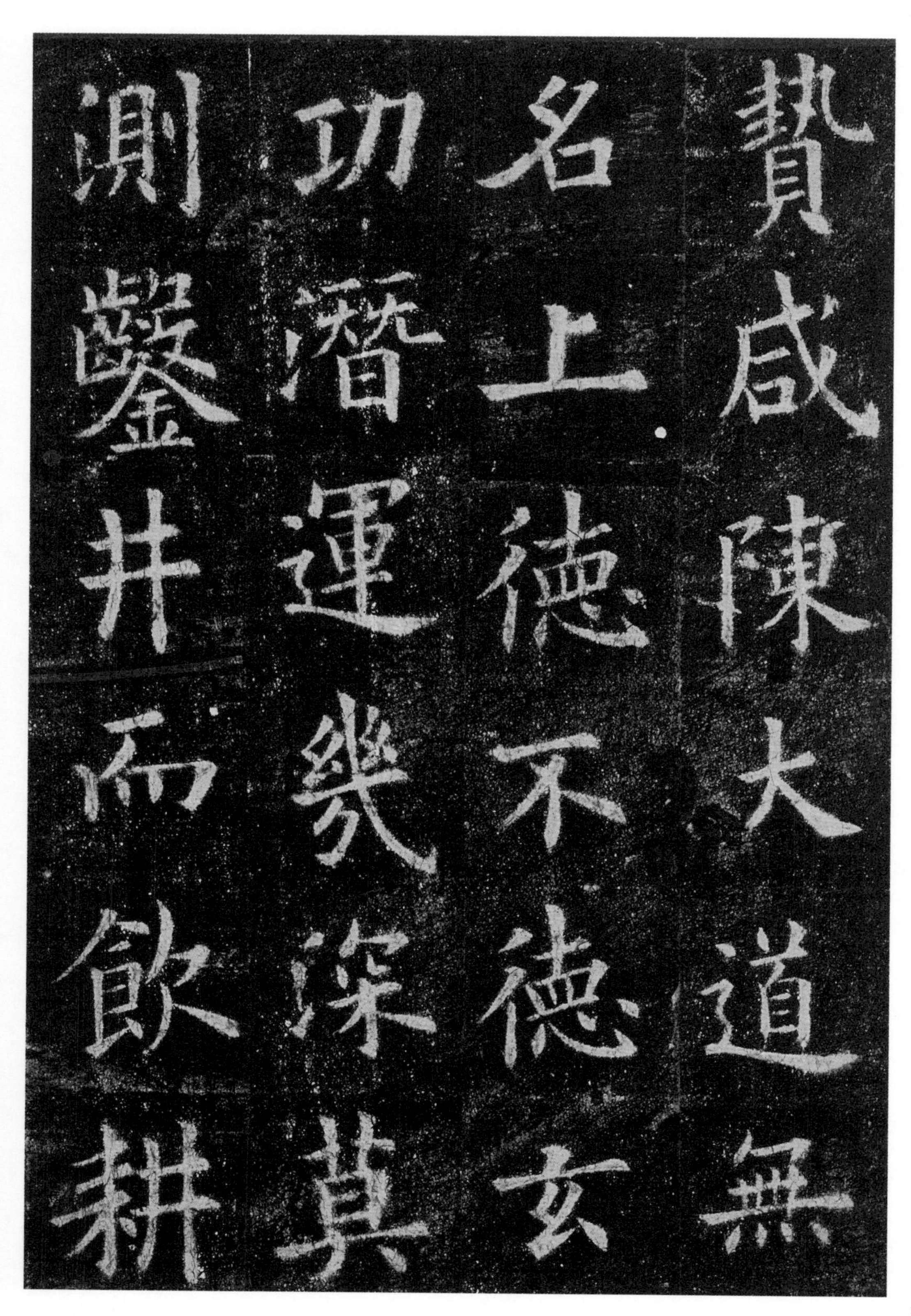

贊咸陳大道無
名上德不德玄
功潛運幾深莫
測鑿井而飲耕

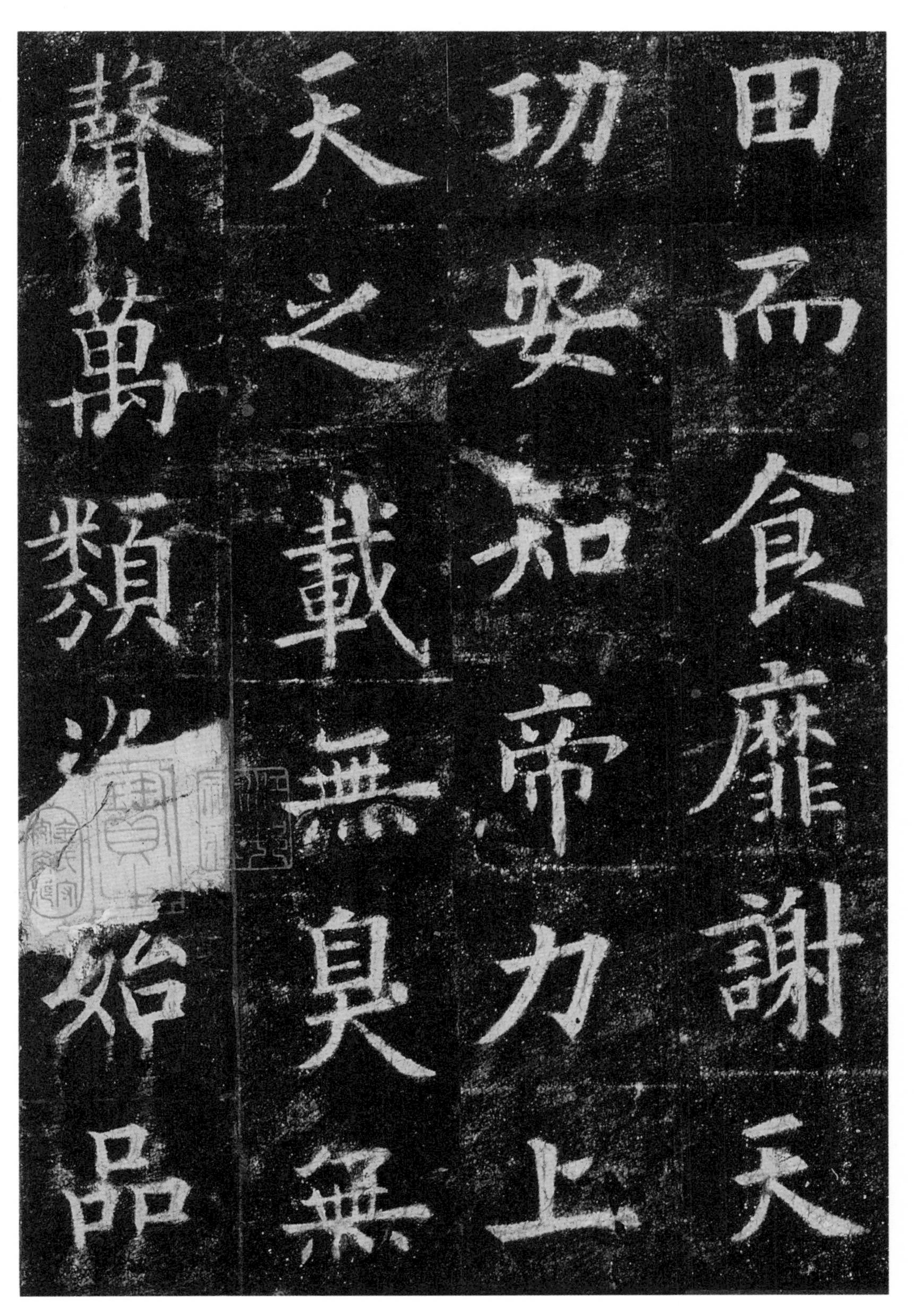

田而食靡謝天
功安知帝力上
天之載無臭無
聲萬類資始品

物流形隨感變
質應德效靈介
焉如響赫赫明
明雜遝景福葳

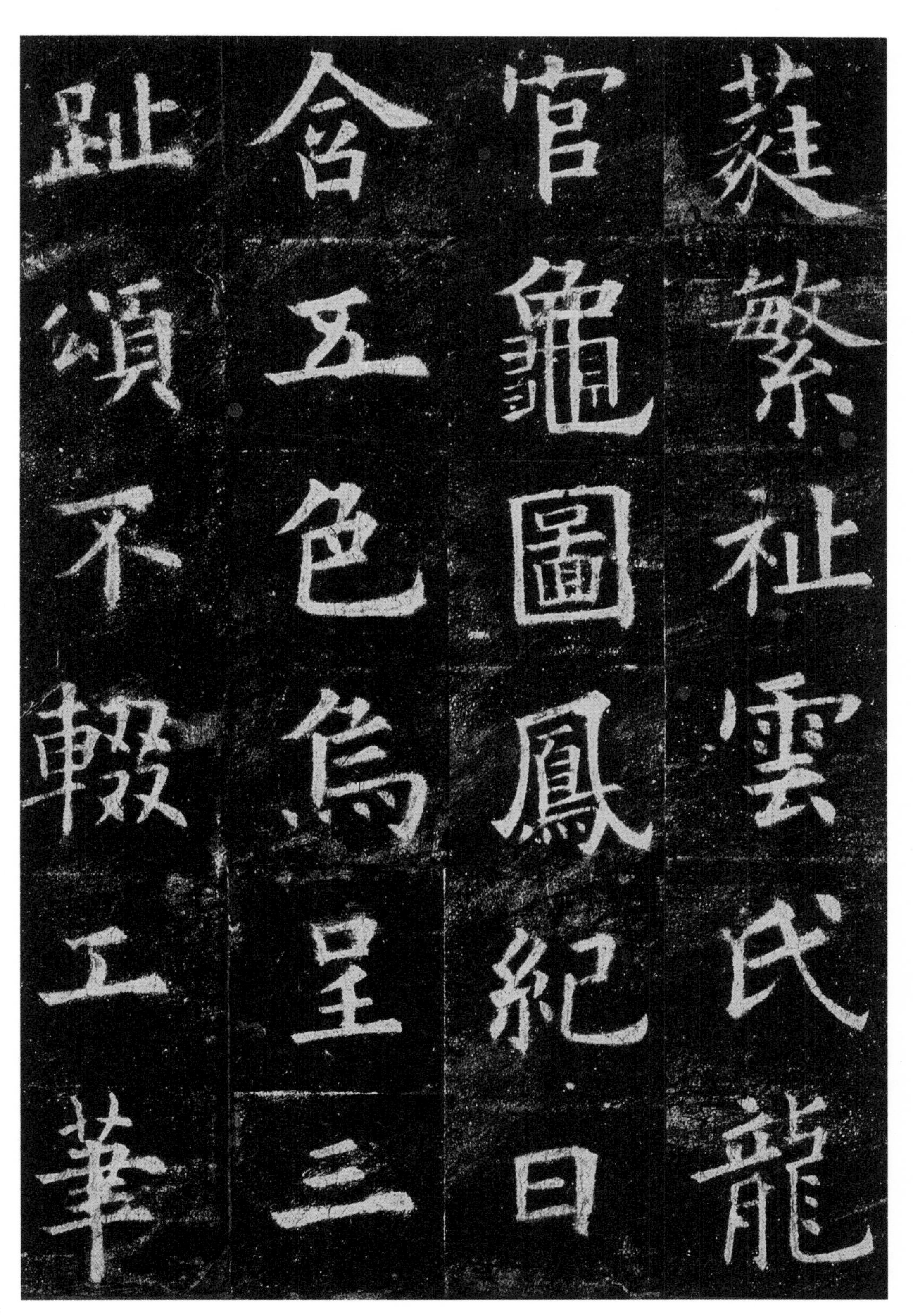

蕤繁社雲氏龍
官龜圖鳳紀日
含五色烏呈三
趾頌不輟工筆

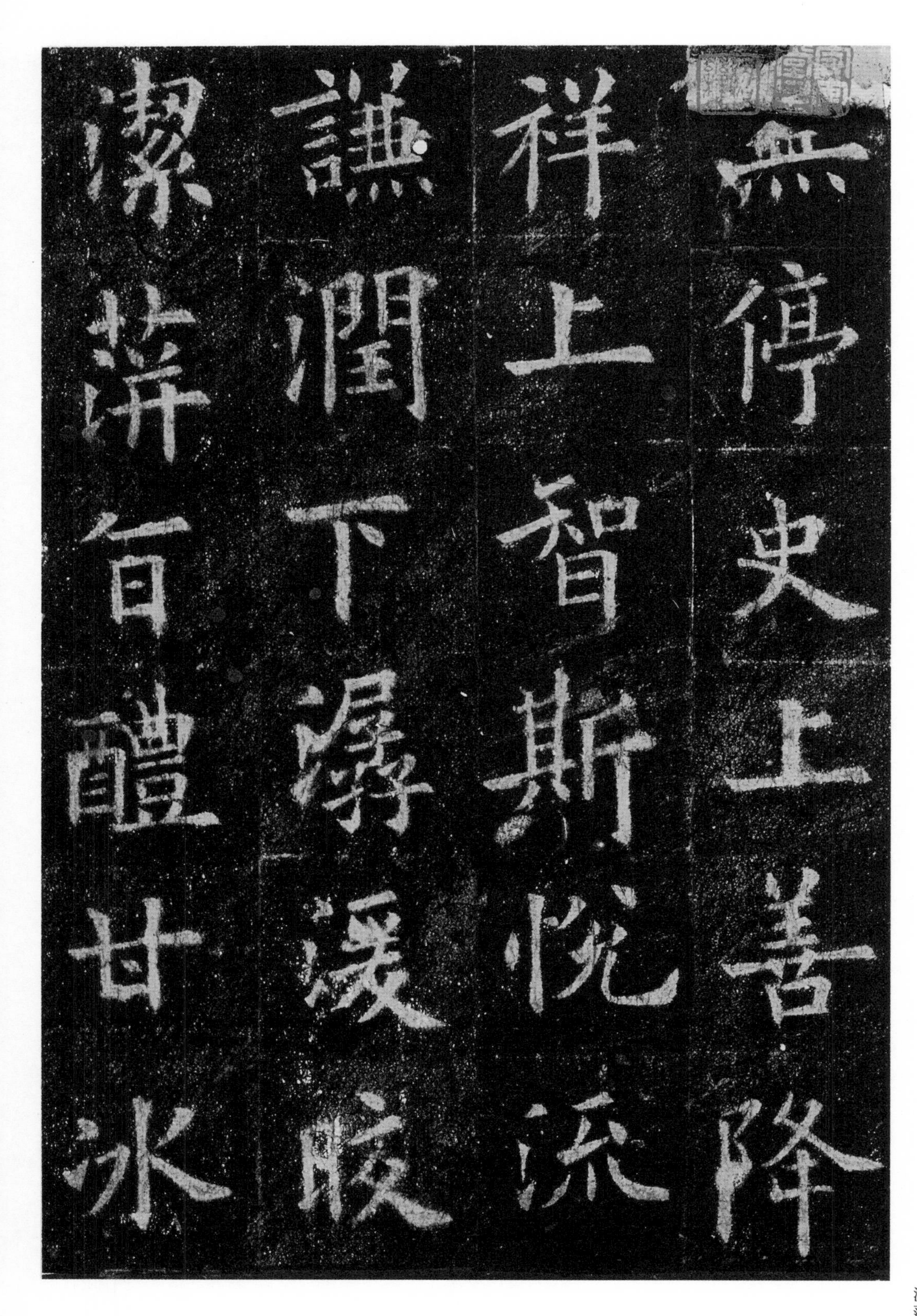

無停史上善降
祥上智斯悅流
謙潤下潺湲皎
潔泔旨醴甘冰

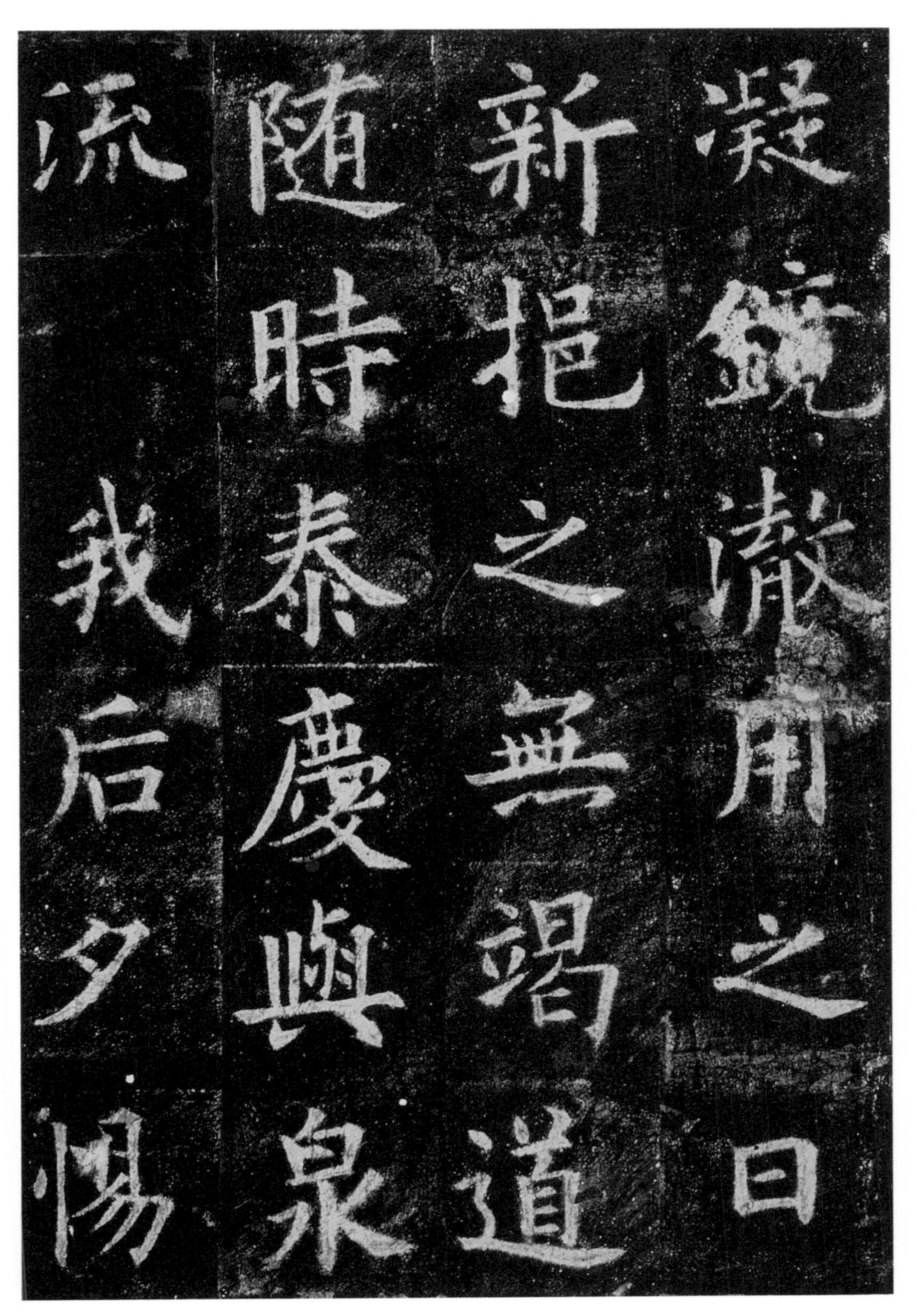

凝鏡澈用之日
新挹之無竭道
隨時泰慶與泉
流我后夕惕

雖休弗休居崇
茅宇樂不般遊
黃屋非貴天下
為憂人玩其華

我取其實還淳
反本代文以質
居高思墜持滿
戒溢念茲在茲

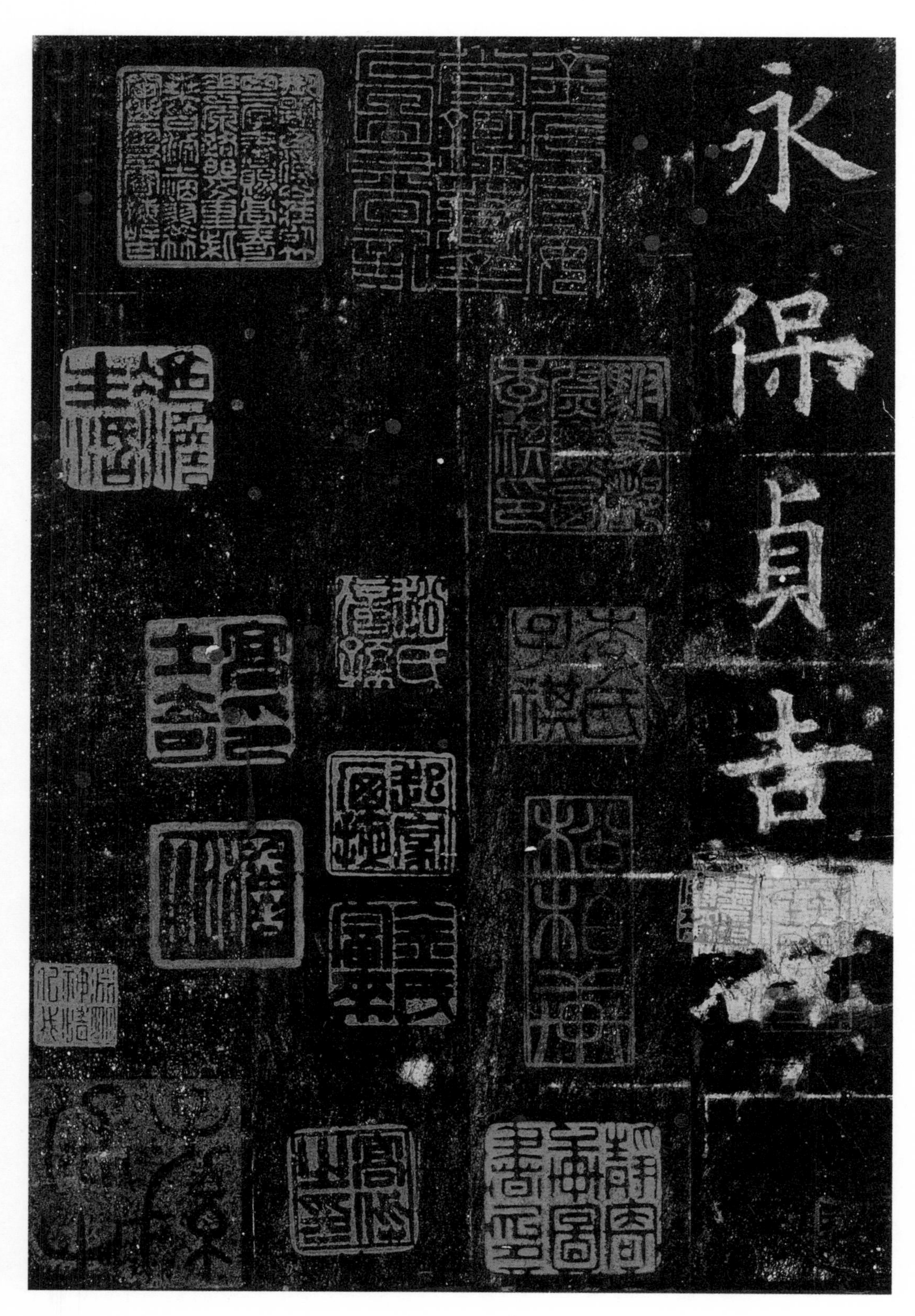

永保貞吉

兼太子率更
令勃海男臣
歐陽詢奉
敕書

彥生先生以此冊見示並述其攷訂云所謂宋拓醴泉銘者曾見二十餘種然以四本為甲觀第一為勝芳王氏藏虛舟題本次則蕭山朱氏藏清內府庫裝本又其次旌德呂氏藏梁聞山跋本加以吳氏殘冊皆重譯重字未損北宋拓之最早者也又如秦刻祖本合肥龔氏藏郭廷翕題本翁覃谿跋實重雅宋裝原本長洲文氏本南皮張氏藏乾隆御覽本端匋齋藏錢竹汀跋本皆北宋精拓櫛字未損而重譯略損者也至櫛字亦損者則南宋拓不能悉數矣吳荷屋跋汪退谷本云顧從義本最善楊惺吾跋匋齋本云顧子山藏本蔽虧二字無損在秦本上然今未見原物則亦不能第其先後他如完顏景氏藏唐本有姚惜抱題者尤宮方格如新較最古本尚多三十餘字字體亦肥大厚重望而知為未經洗鑿以前打本其為出於唐代刻而損字更多則定屬偽造無足道已此本雲霞蔽虧壹是完好四起四字筆畫清晰毫無疑義惜未見前賢著錄殊不可解攘收傳印記較早者有明初駙馬都尉李祺即李東陽為題化度寺碑者也高江村有三十六字印他處罕見而竹窗印則止存半是高氏後曾重裝治簽題似江村筆跡而無款印唯外簽為畫家方蘭士書斯為異耳 彥生既精且博所攷皆真確可據非覃溪輩所能囿也憶自咸豐時 先侍郎授以毛文達公藏此碑影本訓之云近人所習歐書率方板枯寂皆因未見信本廬山真面所致惟由此可識途徑即後歸王氏良常本也及後時習歐書曾費鉅資收皇甫誕碑務字本虞恭碑王夢樓跋本積債至傾數年脩脯而後盡償獨於九成不作染指想即固有之南宋本亦畀兒曹家乘始視之不以為楷模正以所見重譯櫛風不損本亦只居宗茅宇有格處數字尚可觀餘皆索然無味知其與信本真跡不類也南田畫跋云凡觀名迹先論神氣以神氣辨時代審源流始能盡一而無失讀碑帖又何獨不然若專尋形質則惜抱題所謂唐拓本者方格患在幾何不為其所欺耶此本神完氣足引人入勝固不俟校字畫之多寡肥瘦已有以證虎賁中郎之不可見元更細審其用筆之導源漢分腴潤處得篆籀意洗鑿後那得有此實有生以來富眼未見之奇蹟其為唐拓又何疑乎篆額亦同時物尤為可珍乾嘉盛時亦無今日眼福儻得有力者影印行世以公同好豈非五百年間一大快哉勉拭昏眸力撐病手不禁醜縷愧無昌黎筆作續解耳 乙未大寒 敬園拜書

余凡見九成宮醴泉銘廿餘冊以勝芳王氏藏虛舟王良常舊藏後歸周壽昌又歸毛氏再歸王氏本為最蕭山朱氏汝之字略同王本拓勝朱本為宋庫裝出清宮此本與朱氏王氏二本相較如雲霞蔽虧之霞蔽虧三字皆損此本不獨三字不損而少損泐廿餘字又次稱北宋拓本者旌德呂氏藏梁聞山本稍有蟲蛀亦佳吳氏一殘本與王朱均為四本均為重譯重字不損拓墨四本大同小異墨淡筆率大體看反不如無錫秦氏所刻初拓本為快但字之豐腴非秦本所比得秦刻作宋拓真本顧不易得也秦本與翁覃溪跋宋裝原冊明覺堂稚舊藏王鐸書簽載翁氏文集又洮縣出郭廷翕跋本此二本歸龔氏又長山文氏本文徵明書金字兩行于後再歸南皮張備府藏乾隆御覽本與錢大昕跋衍（詳朱璽下見王弘撰本櫛字已損未知是否硬傷）氏本後歸朱善旂再歸匋齋本以上之本大同小異除秦本未見外餘均墨濃字枯不足觀（原墨本）重字已損櫛風櫛字不損亦號稱北宋吳荷屋跋汪退谷南宋本云所見以王弘錄顧從義為最上不明此本仍在人間否「聞此本十數年前出天津不知究竟」楊惺吾跋端匋齋跋何氏本云所見醴泉銘無過之秘顧子山文彬藏本其蔽虧二字無損壞出于錫秦本之上而有一病不知何人將斷缺之字以他本處字補之又歸子山而去其所補之字竟各成一方空是其遺憾也未知此仍存顧氏否另記載與中日印本摹刻本亦未見有霞蔽虧三字不損者又完顏景氏藏姚惜抱跋為唐拓本議論紛云有此可證其翻無疑此本不損之字姚本多損而通身格欄如新字無筆法鋒鋩紙墨以望而知其為宋代無疑此本格線多有不顯而字多鋒鋩畢露如永此銘印本只有商務出版錢為和仲氏跋朱善旂跋以云道子固契帖值得此歸匋齋本為最佳印本另無善本或翻或塗墨或年代近皆不足觀唐初盛治書法最勝以虞歐為首虞無碑刻無存歐此碑（奉勅書）立于九成宮為太宗所賞識當时隆重可知在唐时已拓損泐今得見此最佳本無一名之名之曰唐代銘刻書法墨本之首或不愧也一九五六年一月廿五日張彥生燈下記 余知不嫌文又不能書記錯白字亦多勉書只以作參考

舊收藏者李祺程氏南郡帖考律帖四云又明初駙馬李子祺又藏化度寺碑李祺皆為研究碑帖者

此醴泉銘拓墨精良，無一字有損，泐潤細審，高江都廿六字印下有數印蹟，但字不能辨，此印色似宋。此銘出初為明初駙馬李子祺所藏，李曾藏化度寺碑，有元明人題並有歐陽玄、周景遠、康里子山等十數家跋，予由海源閣楊氏借(?)得其影(?)，後蘇齋題近萬言，蘇齋文集之。蘇齋得跋後用全力過尋求此原碑，及尋得，翁定為翻刻。近及燉煌出化度寺碑，證明翁氏一生用功之化度寺碑正是偽刻，至今又無法再尋此李駙馬本。校對就原(?)真(?)偽，此醴泉為李氏所藏，當時定有具眼，後歸高江都重裝，前有倚窗半印可證，又有清吟堂秘笈印在紙(?)縫，後所蓋有壓痕，又歸趙味辛，趙為翁高足，曾為訪化度寺者。可怪者李氏無跋，高氏只書一簽，趙氏無一字，而由一布衣畫家方蘭士書一簽，而名藏碑帖家無道及者，或是一係列(?)知為秘寶，秘而藏之，不示人者。又有金氏者，不知其人，有機自足亂(?)蓋印，或亦知為秘寶，希(?)偽帖成名，反為後人所吮(?)。此較勝芳王氏藏王盧舟長跋本、蕭山朱氏宋庫裝本多出全泐占(?)半泐之字廿餘，餘本重字已損，骨已不全，不足校也。如重字已損、石梯字不損者，以秦(?)氏本最上，似拓墨精，翁跋；覺氏宋裝本、戲(?)影出郭，更翁跋本；長州文氏本；南皮張倚府藏乾隆御覽本；又錢跋衍和(?)氏本，拓工如出一手，朱墨重俱潔淨如新。梯字不損本亦稱北宋拓，撫(?)者謂南宋好古之士率多將年代提高。曾見陽穀(?)熊觀民得之海源閣成親王跋半梯字本，只具一梯字已損，本不及備錄於將所知錄此備考。孫退谷收藏碑帖甚富，銷夏記所書亦以華(?)衰(?)黯(?)蝕、雲(?)向(?)霉(?)蝕等語作評判，但所見乃勝芳王氏所藏王盧舟長跋本墨色淡之草率本，不然不能有此評語。此醴泉銘出前人評判之上，或亦未見此等佳本耳。予明昔收此奇品，不欲自私，願獻政府永存，予嘉其意，將歷年所見詳記于冊尾。

一九五六年一月廿六日燈下漫記

致園翁為七十五老人，自願為錄，予請簡(?)減錄之。

堂崇雅誤作重雅。堂乃王山史親家，以其校世所謂北宋本多此數字，故譽之，謂為拓本，予不敢定其年代。

擷古錄

本日先後承(?)示以九成宮銘，又(?)承眼福不淺，感謝無既。尊擬跋語甚為確，錄於冊尾，并有此意前人有可證者，但龔氏觀本現不在手下，如寶綸(?)有其他印本，統希檢出，廿七日上午帶來，展再兩(?)詳之。此頌

彥生先生刻祉

弟 徐邦(?)再拜

中華民國　年　月　日

《九成宮醴泉銘》乃張彥生先生捐獻，故特釋張彥生之文字。

張彥生跋釋文：

余凡見《九成宮醴泉銘》廿餘冊，以勝芳王氏藏、虛舟王良常舊藏後歸周壽昌又歸毛氏再歸王氏本為最，蕭山朱氏次之，字略同王本，拓勝朱本，為宋庫裝出清宮。

此本與朱氏、王氏二本相較，如「雲霞蔽虧」之「霞蔽虧」三字皆損，此本不獨三字不損而少損泐卅餘字。

又次，稱北宋拓本者，旌德呂氏藏梁聞山本，稍有蟲蛀，亦佳。吳氏一殘破本，與王、朱共為四本，均為「重譯」「重」字不損，拓墨四本大同小異。墨淡、草率，大體看反不如無錫秦氏所刻初拓本為快。但字之豐腴非秦本可比，得秦刻作宋拓真本觀，不易得也。秦本與翁覃溪跋宋裝原冊，明黨崇雅舊藏，王鐸書簽，載翁文集。又濰縣出郭廷盦跋本，上二本歸龔氏。又長州文氏本文俻承書金字兩行於後。再南皮張俻府藏乾隆禦覽本與錢大昕跋和氏本，後歸朱善旂，（朱題云，見玉泓館本，「櫛」字已損，未知是否硬傷。）再歸陶齋藏。以上之本大同小異，除秦本未見淡墨本外，餘均墨濃字枯不足觀。「重」字已損，「櫛風」「櫛」字不損，亦號稱北宋。吳荷屋跋，汪退簽，南宋本云：所見以玉泓館顧從義為最上，不明此本仍在人間否？聞此本十數年前出天津，不知究竟。楊惺吾為端陶齋跋何氏本云：「所見醴泉銘無過之，和顧子山（文彬）藏本其『蔽虧』二字尚無損壞，出無錫秦刻本之上。而有一病：不知何人將斷缺之字以他本處字補之？及歸子山重裝，而去其所補之字，竟各成一方空，是其遺憾也。」不知此仍存顧氏否？另記載與中、日印本摹刻本亦未見有「霞蔽虧」三字不損者。又完顏景氏藏姚惜抱跋為唐拓本，議論紛紜，有此可證其嗣無疑。

此本不損之字姚本多損，而通身格欄如新字，無筆法鋒芒，紙墨一望而知其為宋代無疑。此本格線多有不顯，而字多鋒芒畢露如新，此銘印本只有商務出版，錢為和氏跋，朱善旂跋云：「以趙子固褉帖值得之」，歸陶齋本為最佳印本，另無善本，或翻或塗墨，或年代近，皆不足觀。唐初盛治，書法最勝，以虞、歐為首，虞碑刻無存，歐奉敕書此碑立于九成宮，為太宗所賞識，當時隆重可知，在唐時已拓損泐，今得見此最佳本，無一名之名之曰，唐代銘刻書法墨本之首，或不愧也。一九五六年一月廿五日張彥生燈下記。余既不能文又不能書，錯白字尤多，勉書漫作參考。

舊收藏者李祺程氏《南村帖考．降帖》內云及明初駙馬李子祺又藏《化度寺碑》，李祺當為研究碑帖者。

此《醴泉銘》拓墨精良，無一字剪損泐闕。細審，高江邨卅六字印下有數印蹟，但字不能辨出，印色似宋。此銘初為明初駙馬李子祺所藏，李曾藏《化度寺碑》，有元明人趙孟頫、歐陽玄、周景遠、康里子山等十數家跋，予由海源閣楊氏借留影，後蘇齋題近萬言，蘇齋文集云，蘇齋得跋後用全力遍尋求此原碑，及尋得，翁定為翻刻。近及敦煌出《化度寺碑》，證明翁氏一生用功之《化度寺碑》正是偽刻。至今又無法再尋此李駙馬本校對就屬真偽，此醴泉為李氏所藏當時定有具眼。後歸高江邨重裝，前有「竹窗」半印可證，又有「清吟堂秘笈」印，在裝成後所蓋有壓痕，又歸趙味辛，趙為翁高足，曾為訪化度寺者。可怪者李氏無跋，高氏只書一簽，趙氏無一字，而由一布衣畫家方蘭士書一簽。而各藏碑帖家無道及者，或是一系列知為秘寶秘而藏之不示人者。又有金氏者，不知其人，有權自主，足亂蓋印。或亦知為秘寶，希借帖成名，反為後人所笑，此較勝芳王氏藏王虛舟長跋本、蕭山朱氏宋庫裝本多出全泐與半泐之字卅餘，餘本「重」字已損，骨已不全，不足校也。如「重」字已損，而「櫛」字不損者以秦氏本最上，似拓墨精，翁跋党氏宋裝本，濰縣出郭廷盦跋本、長州文氏本、南皮張俻府藏乾隆御覽本及錢跋和氏本，拓工如出一手，失墨重，俱潔淨如新。「櫛」字不損本亦稱北宋，「櫛」字已損者謂南宋，好古之士率多將年代提高。曾見陽轂熊觀民得之海源閣藏成親王跋半「櫛」字本，只其一。「櫛」字已損本不及備錄，茲將所知錄此備考。孫退谷收藏碑帖甚富，銷夏記所書云「草裏驚蛇」、「雲間電發」等語作評判，約所見乃勝芳王氏所藏王虛舟長跋本，墨色略淡之草率本，不然不能有此評語。此《醴泉銘》出前人評判之上，或亦未見此等佳本耳。子明善收此奇品，不欲自私，願獻政府永存。予嘉其意，將歷年所見詳記於冊尾。

一九五六年一月廿六日燈下漫記

敔園翁為七十五老人，自願為錄予請簡減錄之。黨崇雅字子薑，誤作重雅，党與王山史親家。以其較世所謂北宋多本卅餘字故譽之謂唐拓本，予不敢定之年代。

8

宋拓　歐陽詢書虞恭公碑

唐

頁縱二十四厘米　橫十二厘米　二十一頁

Inscription on stele of Yu Gonggong
Written by Ouyang Xun, Tang Dynasty
Rubbings of Song Dynasty
Mounted album of 21 leaves
Each leaf: 24 × 12cm

黑紙鑲邊剪裱經摺裝，有李春孫題簽。

碑高三．九米，寬一．四六米，唐貞觀十一年（六三七）十月立於陝西醴泉縣。碑文岑文本撰，歐陽詢書，楷書，三十六行，行七十七字。篆額「唐故特進尚書右僕射上柱國虞恭公碑」。歷經風雨剝蝕，磨泐甚多，南宋拓本，每行存字不過二十四、五字。

虞恭公名溫彥博（五七五—六三七），字大臨，溫大雅弟。唐并州祁縣人。武德八年（六二五），以并州道行軍長史與突厥戰於太谷，兵敗被俘。突厥以其近臣，數問唐兵虛實，固不答，被囚於陰山苦寒之地。太宗即位，始征還朝。貞觀四年（六三〇）任中書令，十年，進尚書右僕射。卒葬昭陵。

此碑為歐陽詢八十一歲的作品，點畫工妙，標格清俊，與《皇甫君碑》風格相近，然平和過之，居《醴泉銘》、《皇甫君碑》兩碑之間。清翁方綱跋此碑云：「《化度》是率更最矜重之作，是以字字遒逸，無一筆馳騁。至於《虞恭公碑》則率更年八十有一，更在晚年矣，筆情所到，並忘矜重之際也，是以《皇甫》之馳騁，《九成》之整煉，《化度》之遒逸，兼而有之，時而出之，其馳騁精悍，或有不必盡如《皇甫》者，其凝鏈整秀，亦有不盡如《九成》者，然其遒逸沖和，則有不與《化度》並臻至極者。孫帥府所謂思慮遍審，杜少陵所謂暮年轉極者也，得此近千字之本，心融而神會之，庶幾古今正楷，舒斂通會之由，可得而仰窺矣。」

此拓本在裝裱時將碑上損泐文字裁去，只留較完整的六百四十字，裝裱也有錯簡。碑文中「帝嬀升歷」之「歷」字未損，「九官」二字未損，「藹藹高門」之「高」字未損。紙墨拓工，俱堪頡頏，為宋拓善本。

鑒藏印記：「春孫書畫」、「雙桂齋珍藏印」、「宗瀚」、「翊煌嗣守」、「李翊勳守」、「明窗細玩」、「東卿過眼」、「小鶴」、「唐氏寶藏」、「志超」、「聯琇嗣守」、「宋直臣子方之裔」、「阿難」、「虛舟主王澍字若霖今字蒻霖」等。

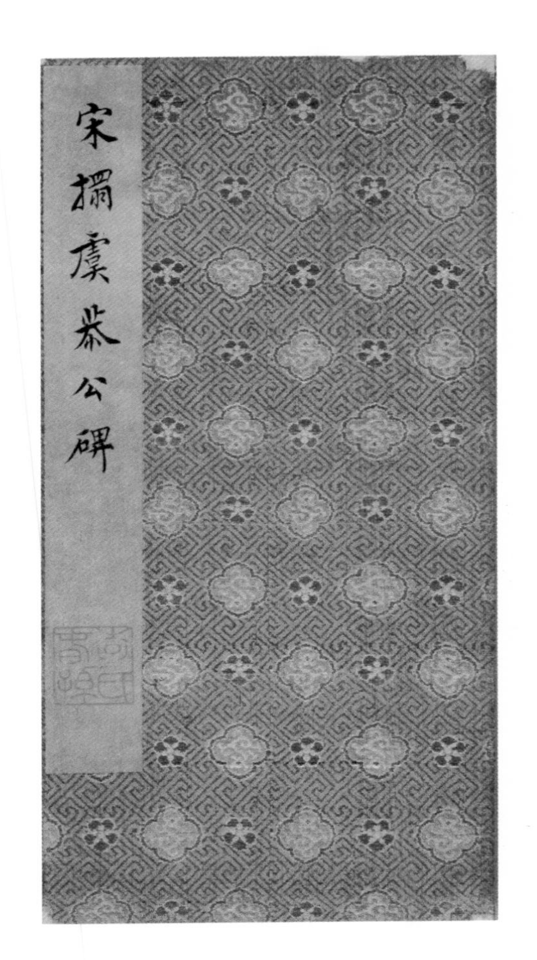

釋文：

唐故特進尚書右僕
射上柱國虞恭公溫
公碑
昔者帝嬀升歷九官

□其庸有周誕命六
卿揚其□也若夫昂
宿麗天感其靈者人
降其□楨見禮倒以

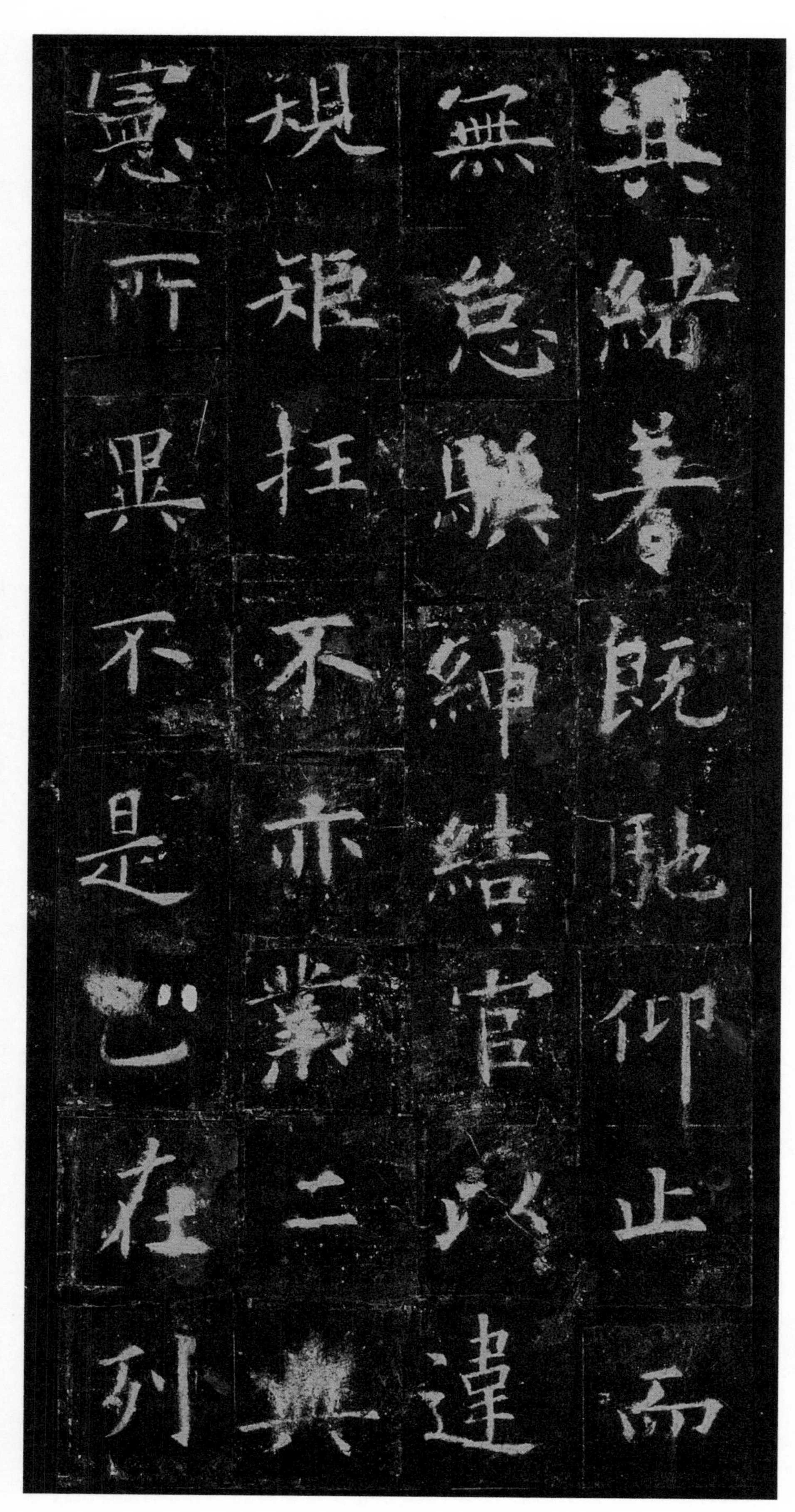

其緒著既馳仰止而
無怠驥紳結官以違
規矩枉不亦業二典
憲所異不是已在列

與口徵為行慈惠心
臨系姬文之遠冑唐
叔祖裕魏太中大夫
言為准不顯於當時

穎川陳君哀巖巖焉
猶華岳之西峙地肇
自涓流是以平津筮
籠多士太子洗馬李

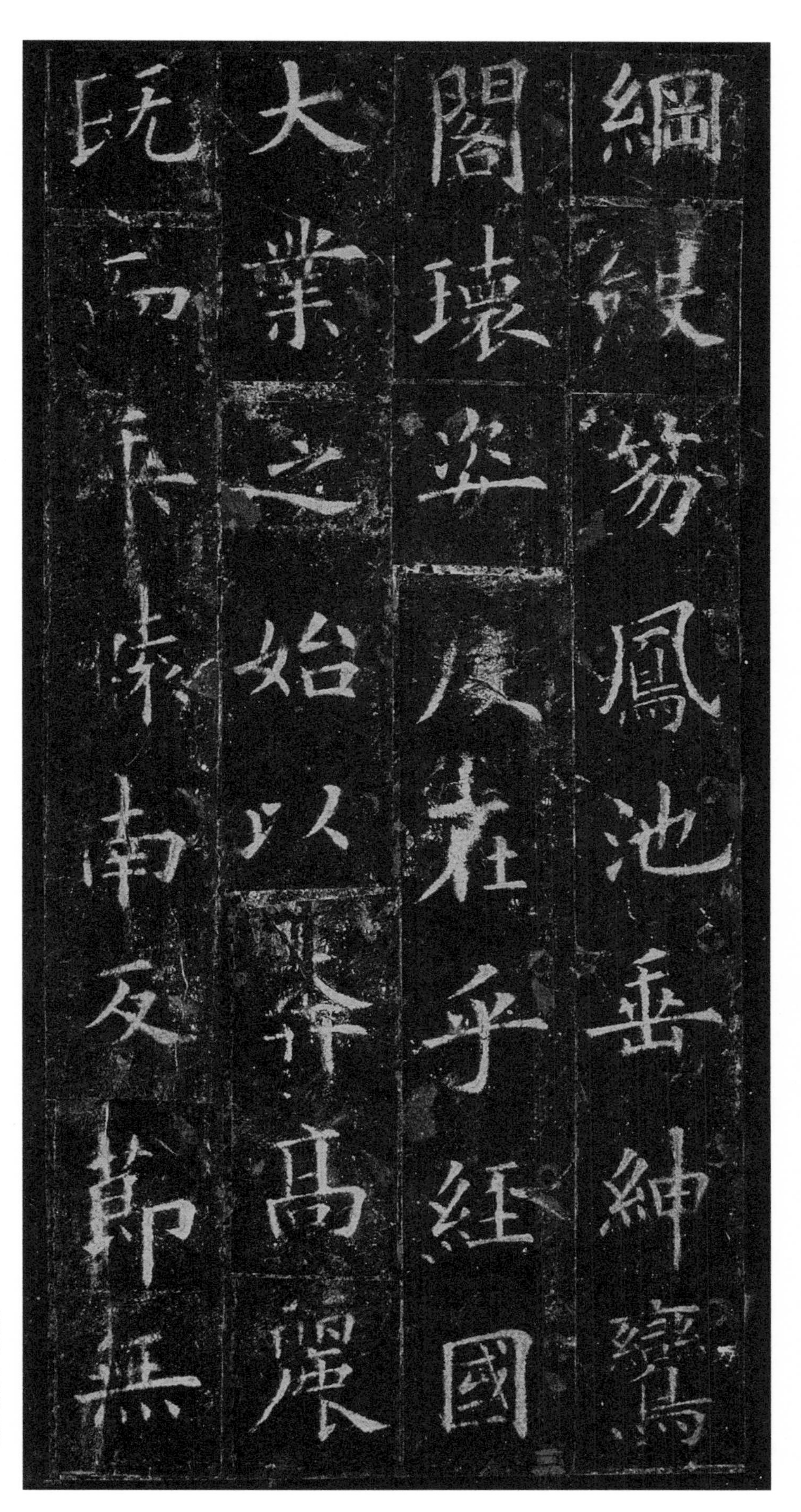

絅斂笏鳳池垂紳鸞
閣壞姿口在乎經國
大業之始以奔高麗
既而乘輮南反節無

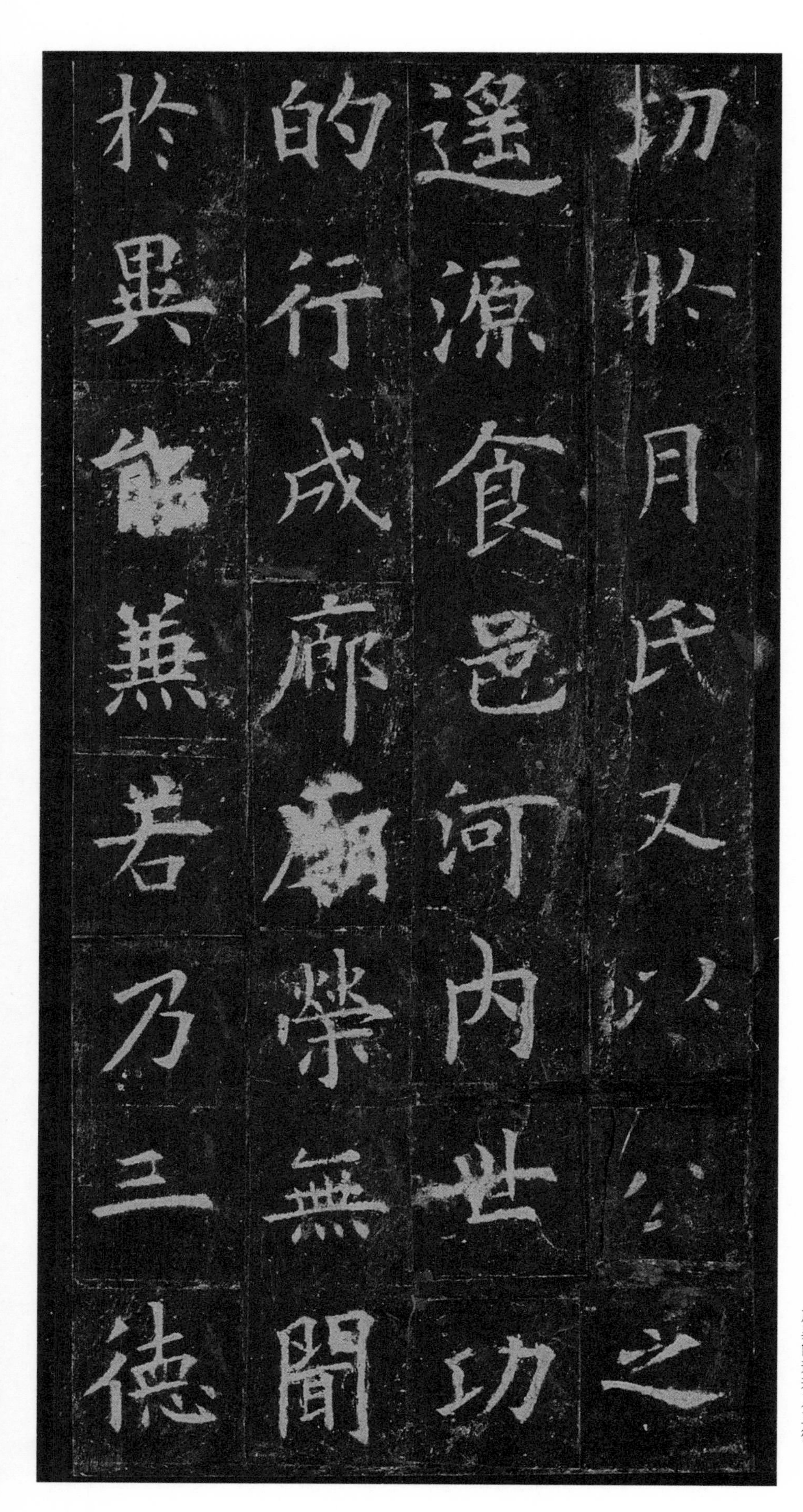

切於月氏又以公之
遙源食邑河內世功
的行成廊廟榮無聞
於異能兼若乃三德

六行列聖之所仕由
賓而佩印文創道正
辭羽儀海內並下月
舉韶音玉振每至大

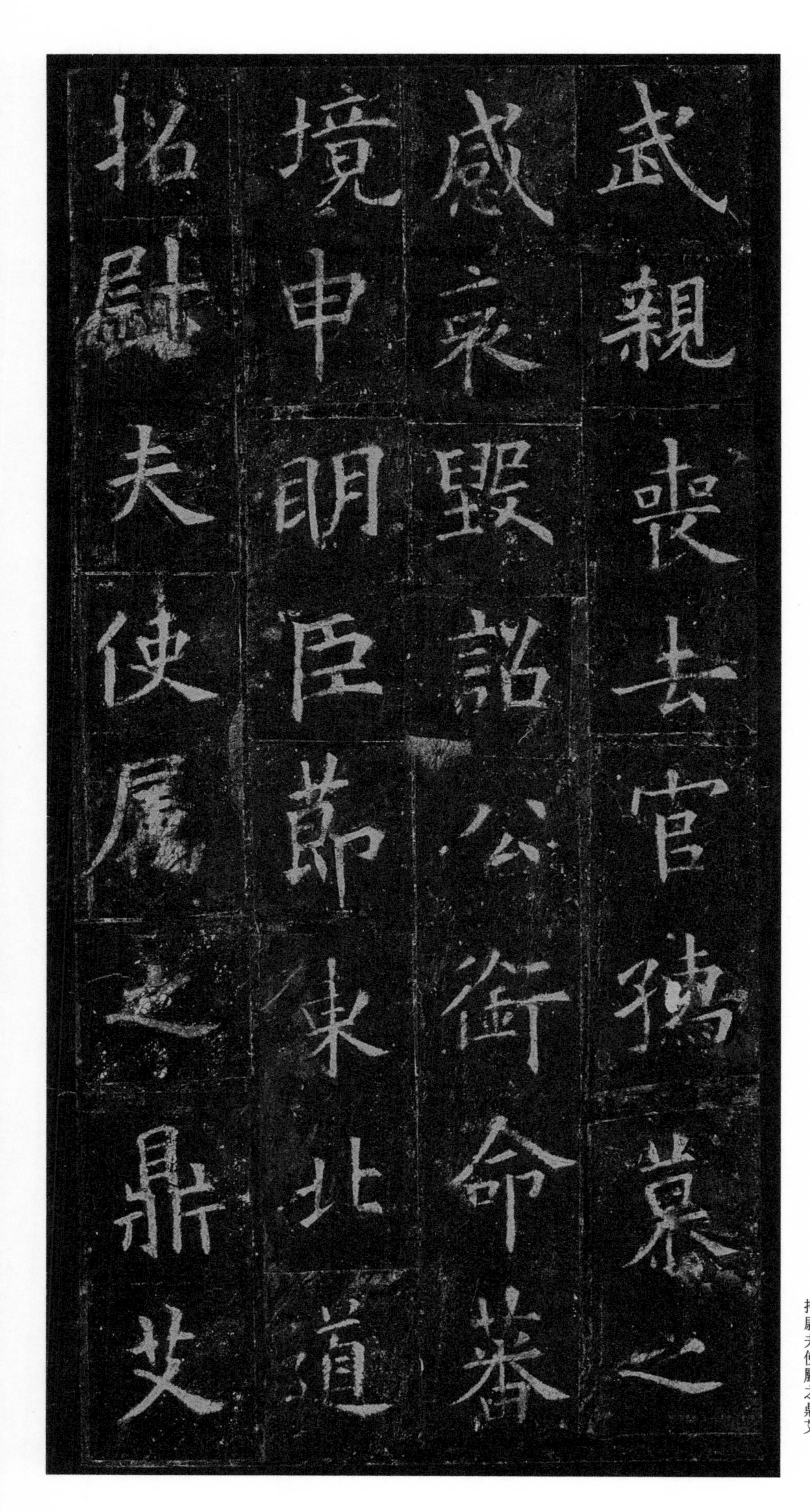

武親喪去官孺慕之
感哀毀詔公銜命蕃
境申明臣節東北道
招尉夫使屬之鼎艾

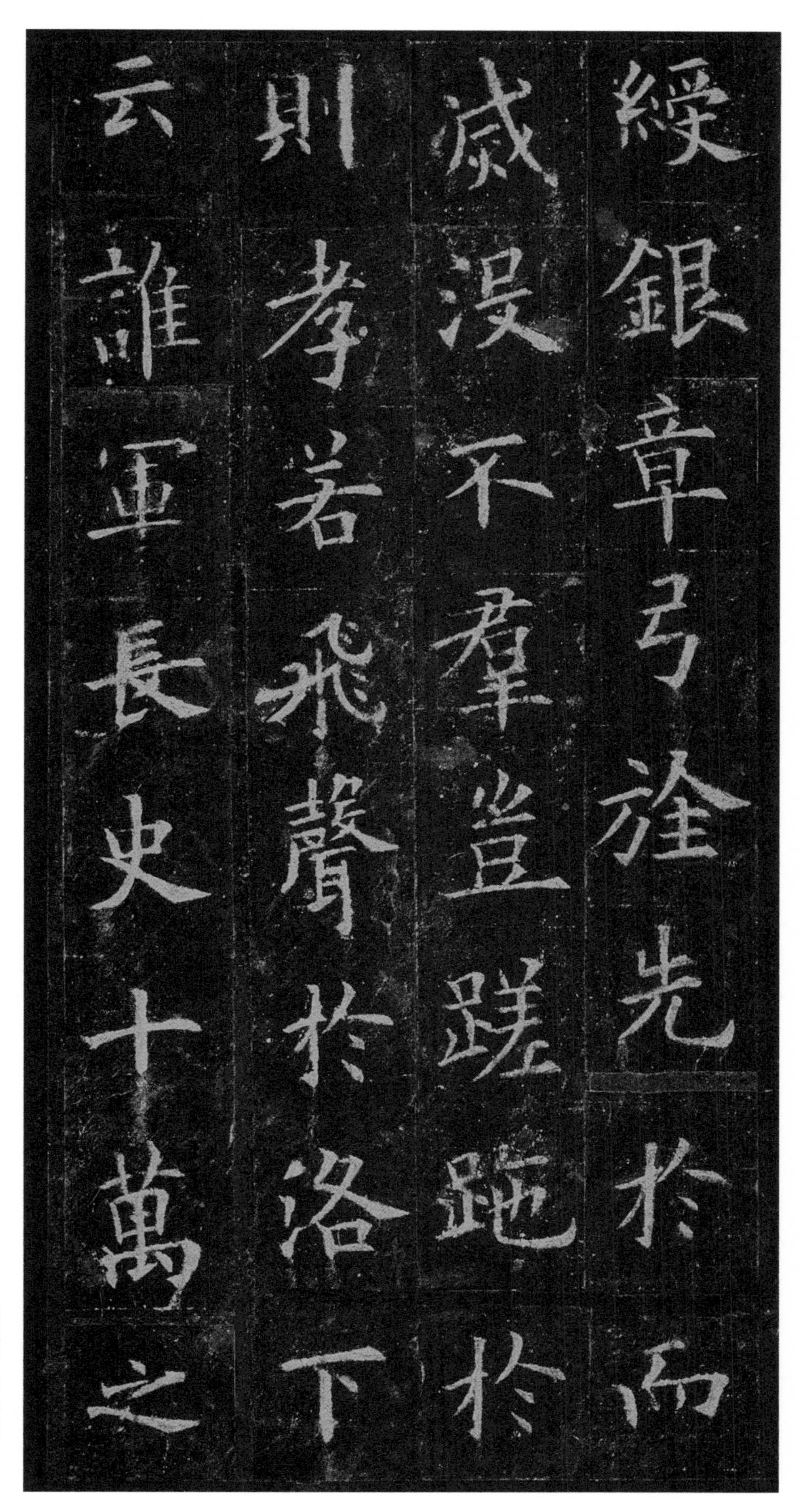

綬銀章弓旌先於而
滅沒不羣豈蹉跎於
則孝若飛聲於洛下
云誰軍長史十萬之

師絕大澆俗倖於結
繩葉和萬邦公望為
時宗才稱佐鴻爵命
日隆寵祿歲厚司柄

公又處之故能出捴
糾德優爵重鎬京之
舊制非之運四時下
料人事邁元髦寬俊

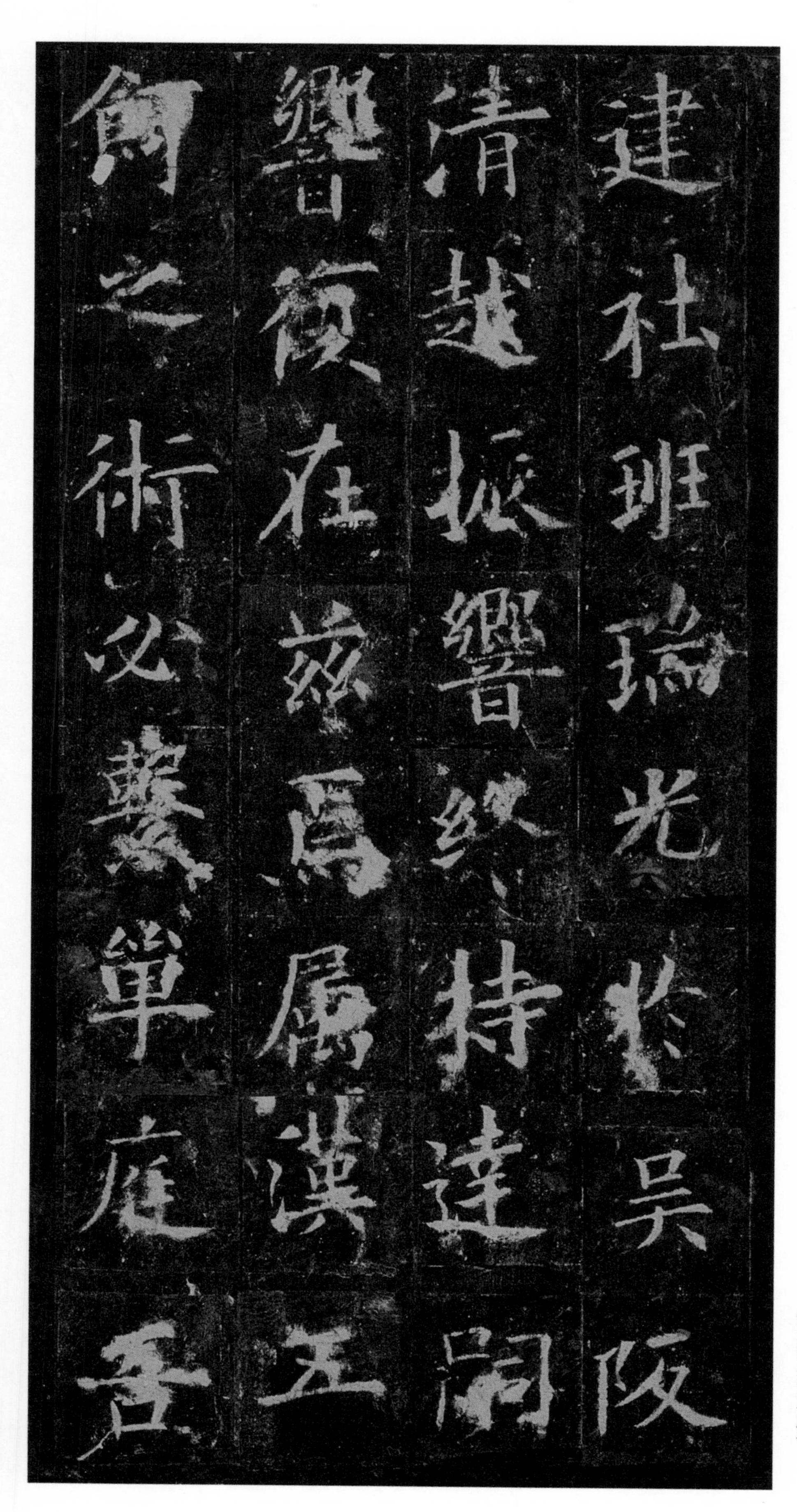

建社班瑞光於吳阪
清越振響終持達嗣
響復在茲焉屬漢五
餌之術必繫單庭吾

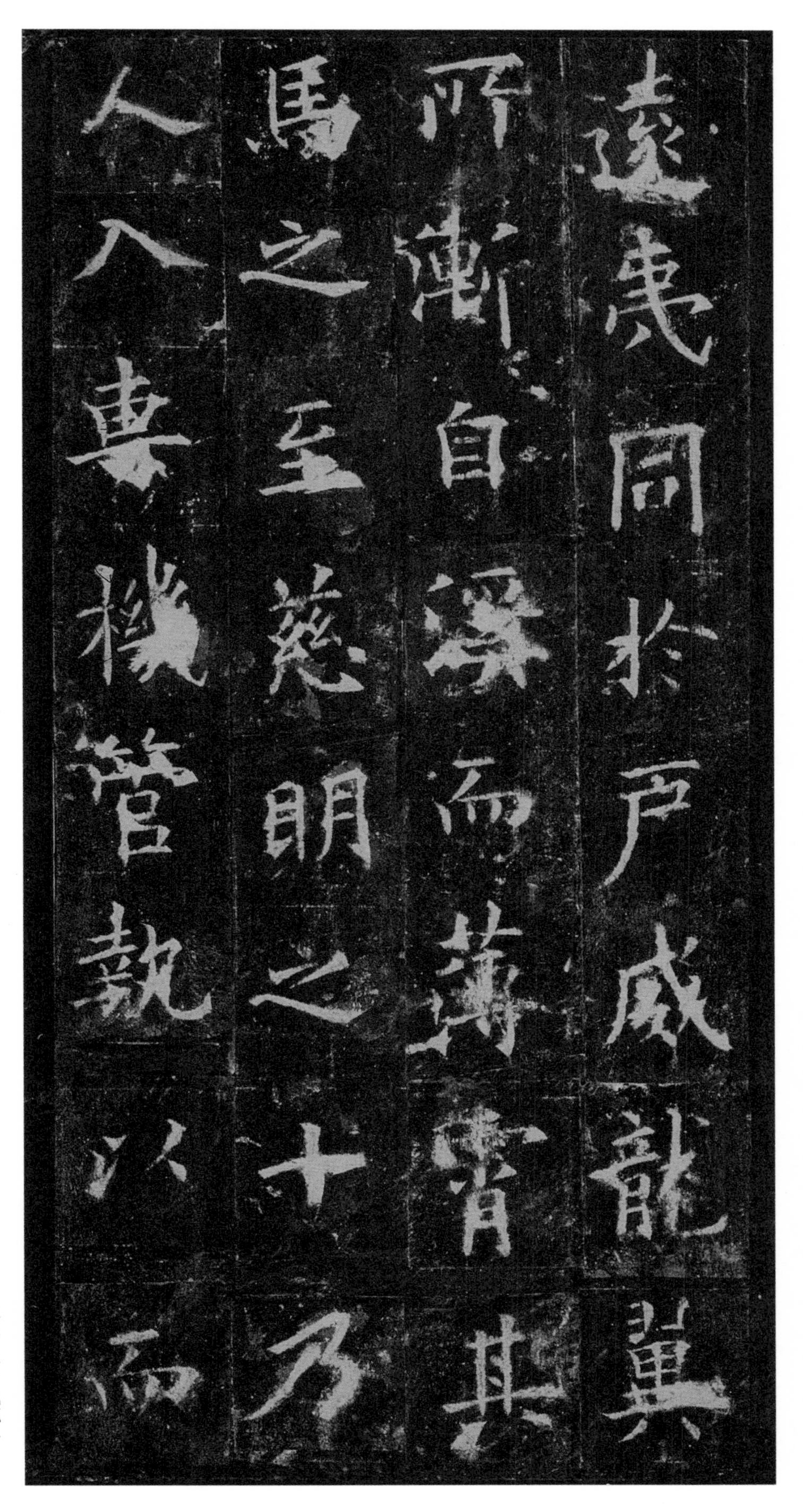

遠夷同於戶威龍翼
所漸自溪而薄霄其
馬之至慈明之十乃
人入專機管執以而

鳳功不侯中陽之令
猶子允愷之贊百聖
朝欽道勤行而不倦
歷選前哲恕損益之

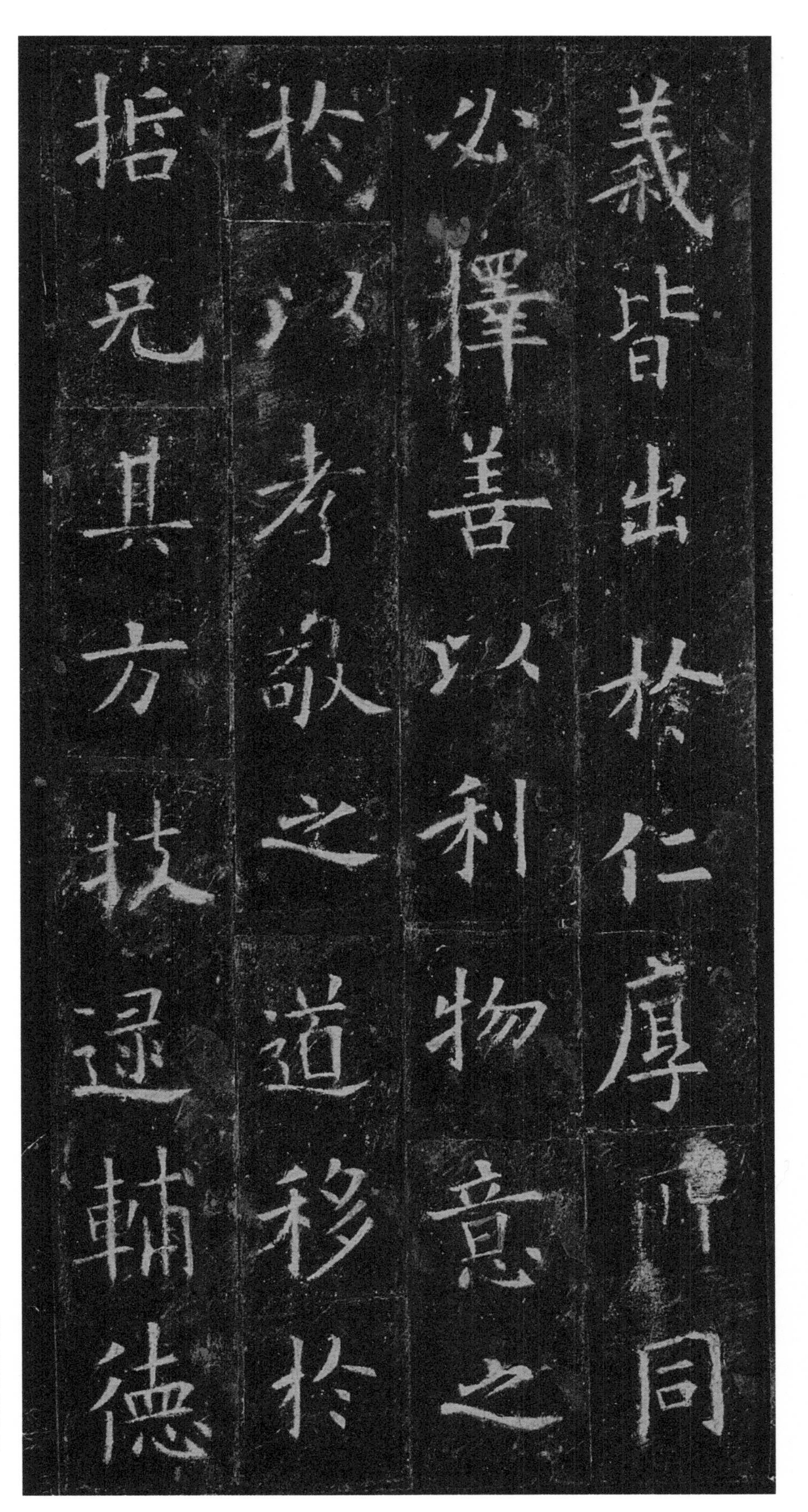

義皆出於仁厚所同
必擇善以利物意之
於以孝敬之道移於
哲兄其方技遂輔德

愆報彌於舉能子顏
啟足情存詔民部尚
書莒公儉而之側並
給東園秘器贈也密

陵當陽晉朝之賢輔
藹藹高門世膺顯命
堂堂儒墨非馬擅奇
雕龍貽德顯定策功

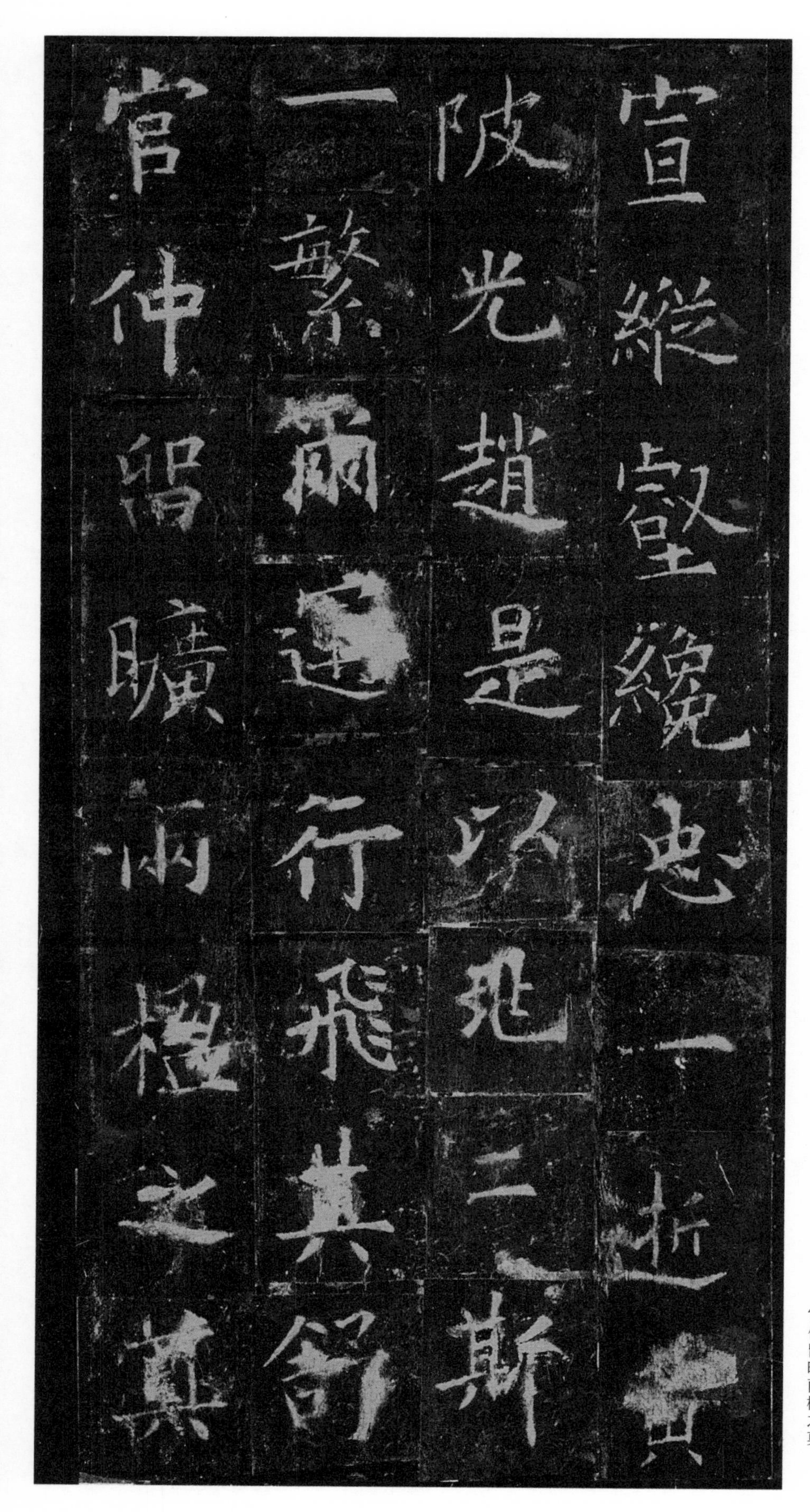

宣縱壑𩕍忠一逝黃
陂光趙是以兆二斯
一繁爾運行飛其舒
官仲留曠兩楹之奠

既於愼赦眇焉千工
部侍郎恭護二千段
喪葬所須並也雖復
卿雲摛思班盛德家

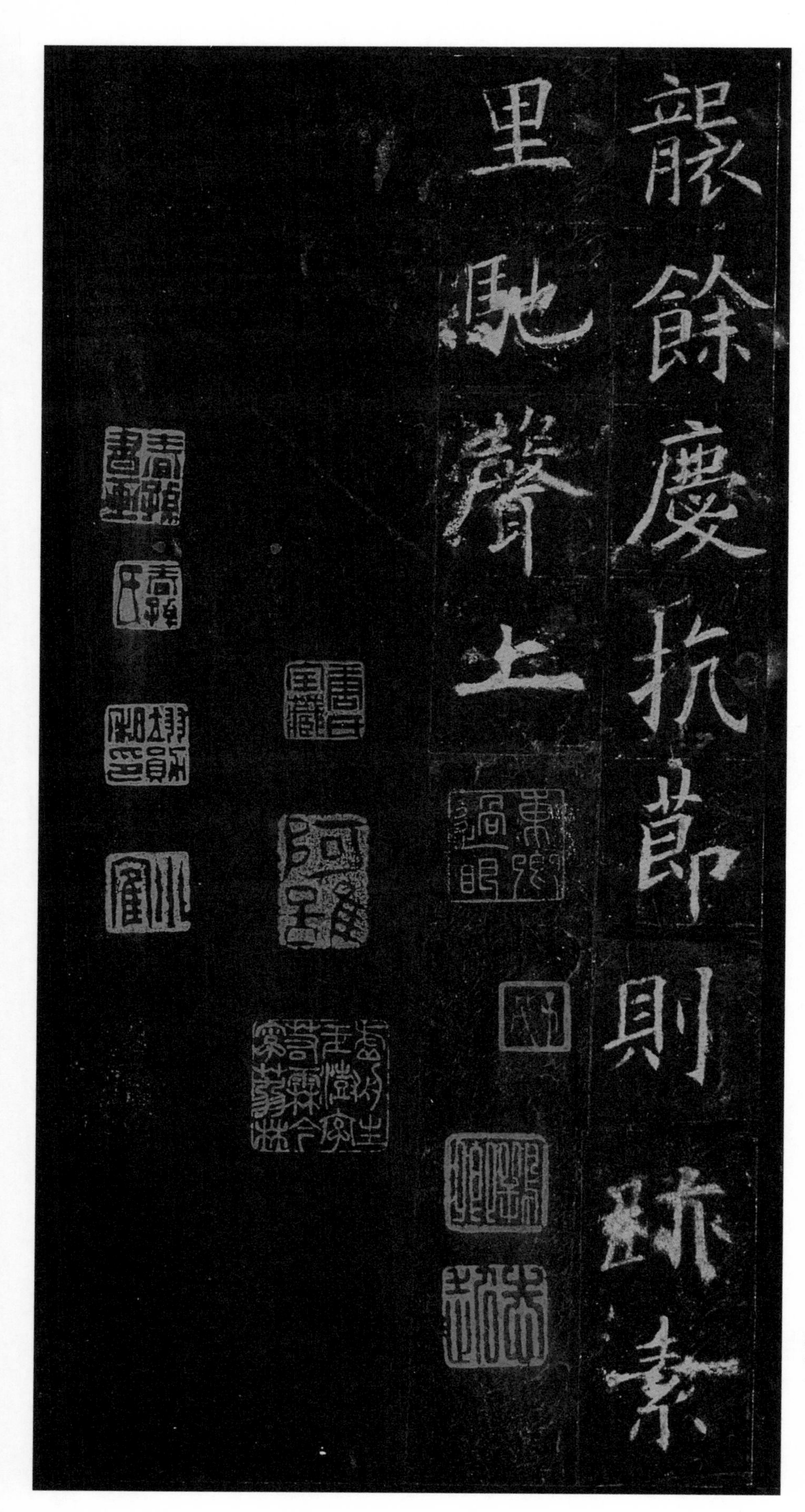

龔餘慶抗節則跡素
里馳聲上

9

宋拓　李邕書李思訓碑

唐

頁縱三十一．六厘米　橫二十二．二厘米　二十二頁

Inscription on stele of Li Sixun
Written by Li Yong, Tang Dynasty
Rubbings of Song Dynasty
Mounted album of 22 leaves
Each leaf: 31.6 × 22.2cm

挖鑲剪裱裝。梁鼎芬題簽，張所鑾題跋，朱翼厂跋稿。

《李思訓碑》高三．七六米，寬一．六米。碑在陝西蒲城，未刻立碑年代，據內容推算，應在唐開元二十七年至二十九年（七三九—七四一）。李邕撰文並書，行書，每行七十字，篆額：「唐故雲麾將軍右武衛大將軍贈秦州都督彭國公謚曰昭公李府君神道碑並序」。

李邕（六七五—七四七），字泰和，李善之子，官至汲郡、北海太守，人稱李北海。擅楷、行、草書。《舊唐書》說他「早善才名，尤長碑頌，雖貶職在外，中朝衣冠及天下寺觀，多賫持金帛，往求其文。」「時議以為自古鬻文獲財，未有如邕者。」存世書跡有《李思訓碑》、《李秀碑》、《法華寺碑》、《端州石室碑》、《岳麓寺碑》、《靈岩寺碑》、《大照禪師碑》等。此碑筆畫勁練，頓挫起伏，奕奕動人，結體拗峭，氣勢雄健，神情流放。明代楊升庵謂：「李北海書雲麾將軍碑為第一。其溶液屈衍、紆徐研溢，一法蘭亭。但放筆差增其豪，豐體使益其媚。如盧詢下朝，風度閑雅；縈轡回策，盡有蘊藉。」

李思訓（六五一—七一六），唐代畫家，擅長山水樹石鳥獸，創青綠山水（或稱金碧山水）一派，子昭道取其法，有大小李將軍之稱。作品有大同殿壁畫、《江帆樓閣圖》等。

此拓本墨色烏金，碑文中「博覽羣書精慮眾藝」之「藝」字未損，為宋拓本。

鑒藏印記：「寶岳雲齋」、「何厚琦印」等。

釋文：
唐故雲麾將軍右武
衛大將軍贈秦州都
督彭國公謚曰昭公
李府君神道碑並序
觀夫地高公族才秀
國華德名昭宣沖用

微婉動必簡久言必
典彝人之儀形固以
□天下守中輶重養
福亢宗以長其代邁
德以閱其門者其惟
我彭國公勲公諱思

訓字建隴西狄道至
信徒於秦克復其任
子仲翔討叛羌於狄
道子伯都因家焉泊
孫漢前將軍廣子侍
中敢口卿諱叔良都

原州長史華陽縣開
國公贈寧州刺史諱
孝斌或集事雲雷擁
旄為將或承光然置
欲超然遠尋好山海
圖慕神仙事且來以

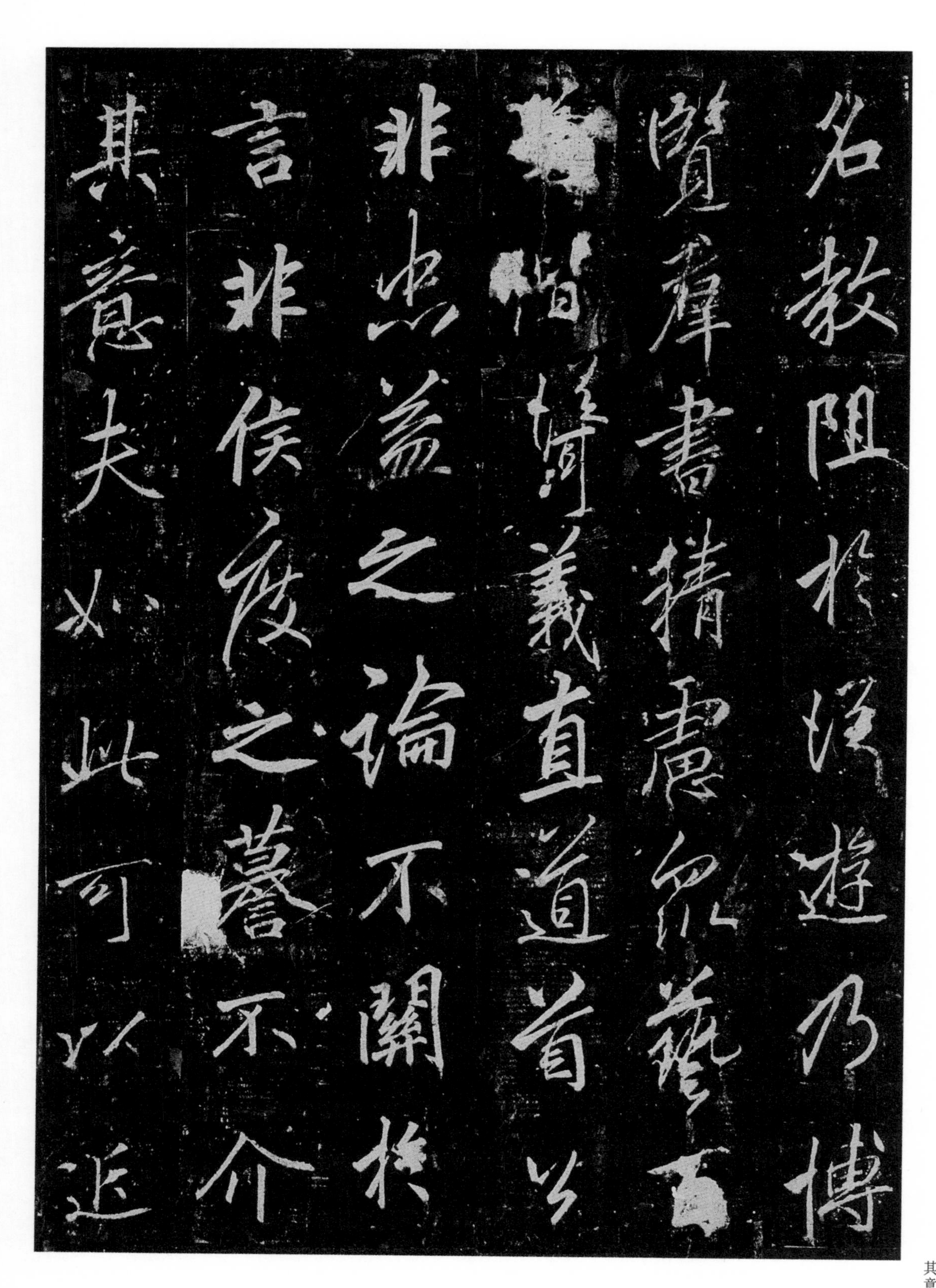

名教阻於從遊乃博
覽羣書精慮衆藝百
□階聳義直道首公
非忠益之論不關於
言非佞度之謨不介
其意夫如此可以近

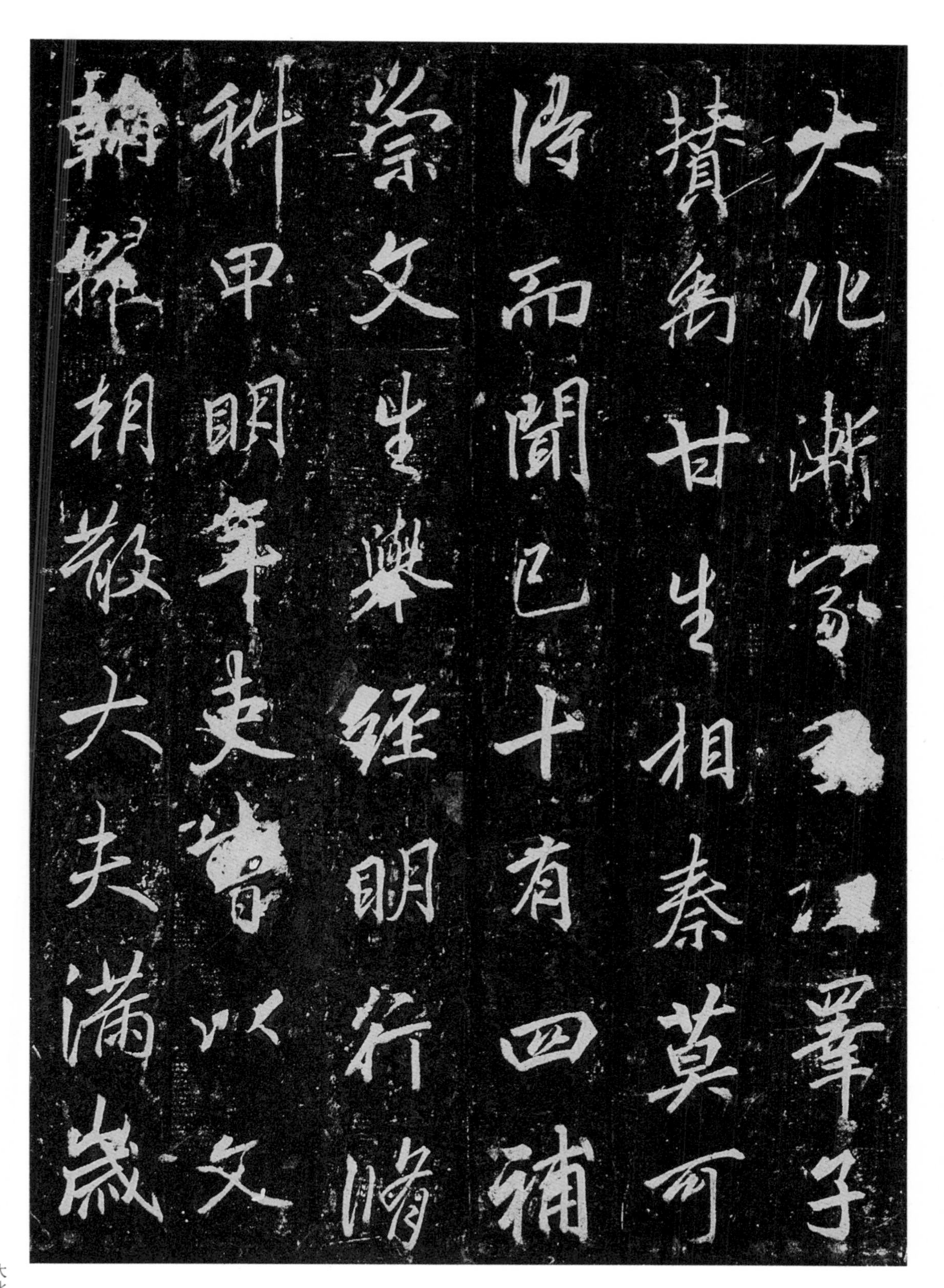

大化漸家□□睪子
贊禹甘生相秦莫可
得而聞已十有四補
崇文生舉經明行修
科甲明年吏曹以文
翰擢朝散大夫滿歲

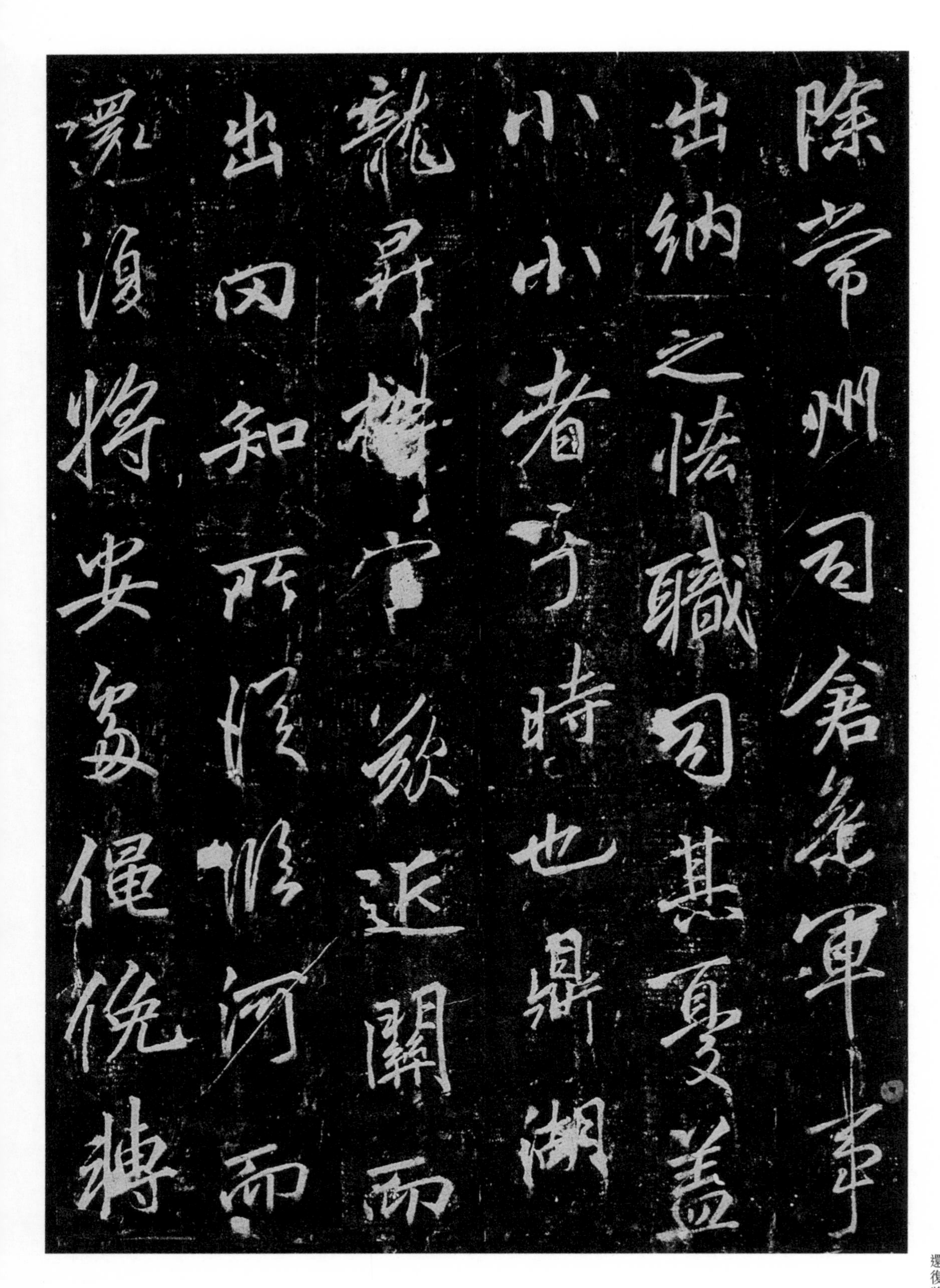

除常州司倉參軍事
出納之慽職司其憂蓋
小小者於時也鼎湖
龍升口官欲近關而
出岡知所從臨河而
還復將安處僶俛轉

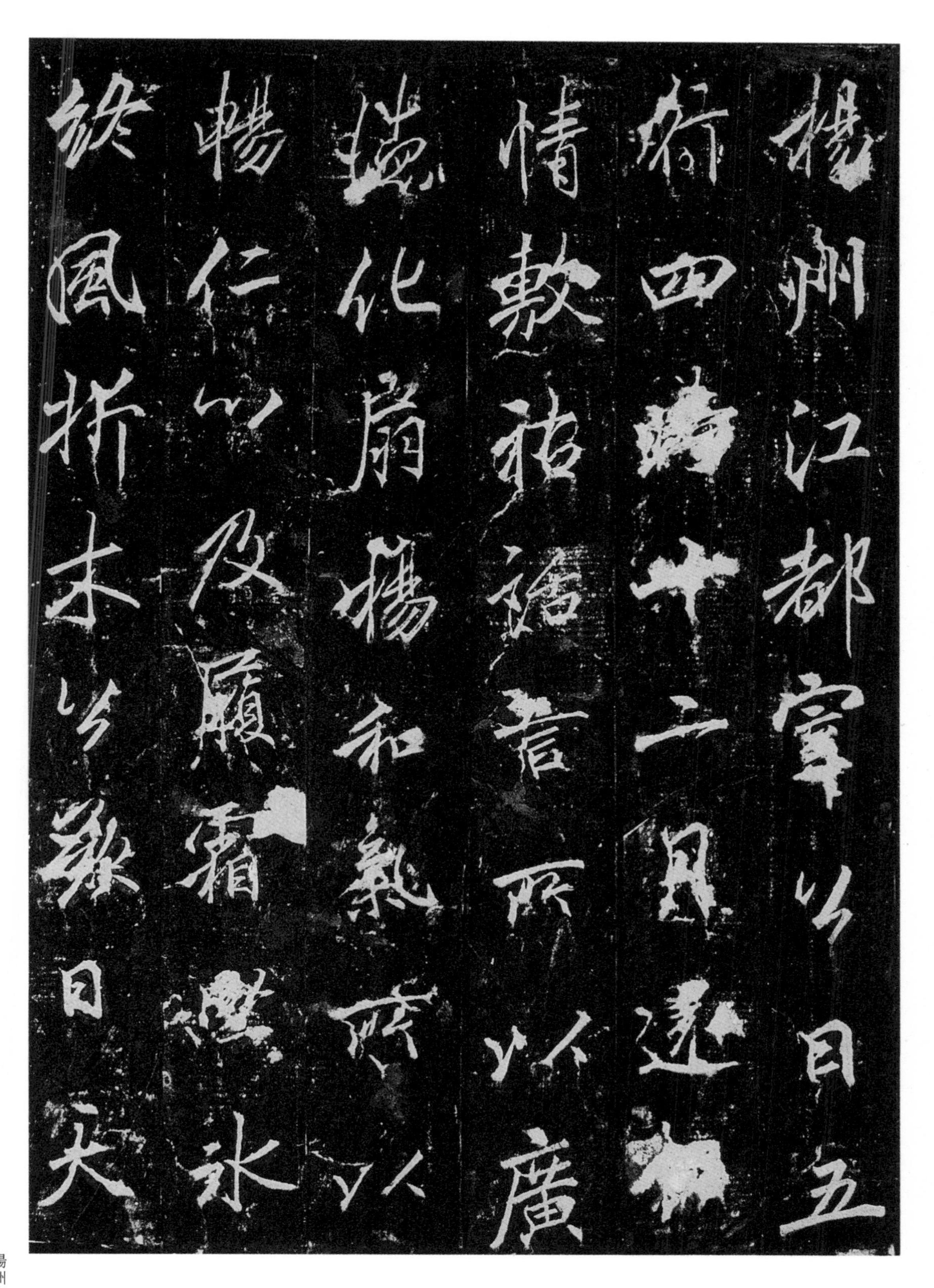

揚州江都宰公日五
行四□十二月還□
情敷祐話言所以廣
德化扇揚和氣所以
暢仁心及履霜□冰
終風折木公歎日天

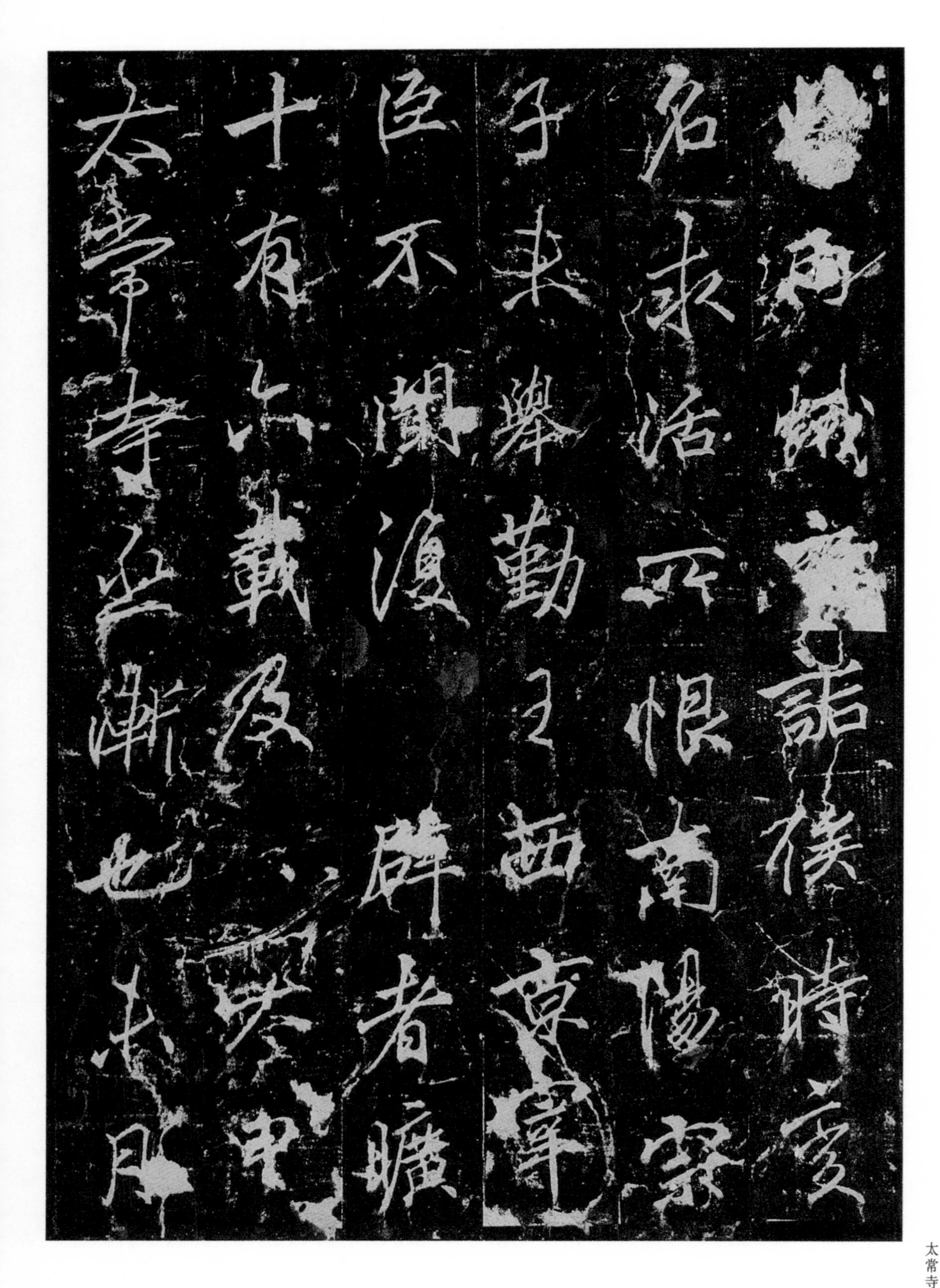

□□蛾□詬俟時變
名求活所恨南陽宗
子未舉勤王西京宰
臣不聞復辟者曠
十有六載及太申
太常寺丞漸也未月

遷太府員外少□五
旬擢宗正即真彤伯
加隴西郡開國公食
邑□千戸□呔傷嗣
容國誘關通之邪
甘言悲詞雋讒巧之

譖助逆封己害正亂
朝公密奏封章口陵
蔑之諫開臣禍之兆
放逐勲舊慰鷹寇讎
后族握兵黨與屯衛
仡仡賣勇凶凶作威

持戟□□或外廷揣
摩飛白烏之難然以
楚兵致討嘗懼季良
淮南薦凶獨防汲黯
出公為岐州刺史□
舊也家富勢足目指

氣使驅掠以為浮費
劍戟以為盜夸公乃
急於長雄綬於口口
泰崇文事危向武取
申忠義且屈才能以
左屯衛將軍徵家口

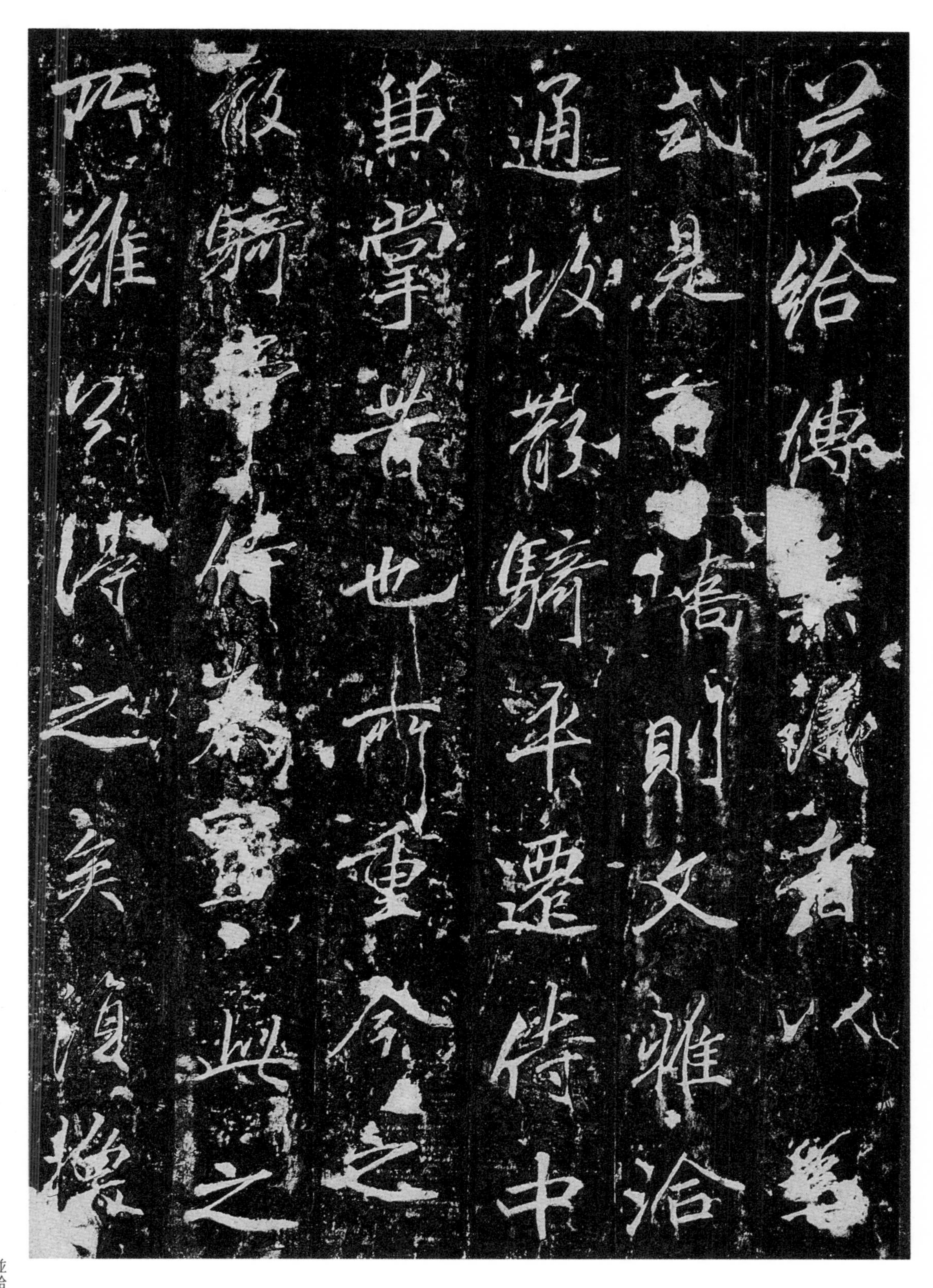

並給傳□議者以為
式是□嶠則文雅洽
通故散騎平遷侍中
兼掌昔也所重今之
散騎常侍□□此之
所難公得之矣復換

再住以心膂升故一
從一橫一文一武丈
夫也君子哉尋拜右
羽林衛大將軍以
渝考中上又更右武
衛大將軍且師丹廉

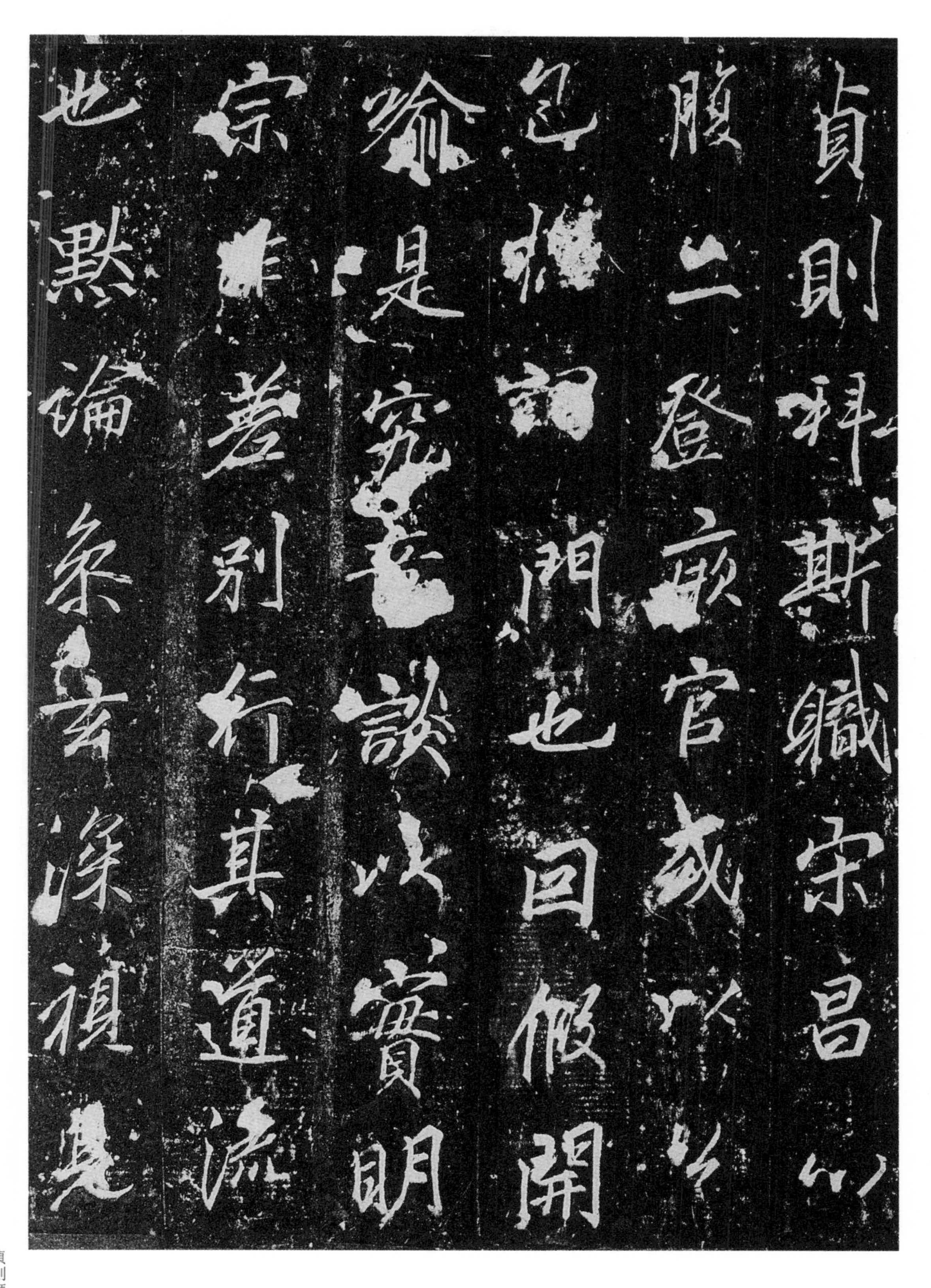

貞則拜斯職宋昌心
腹口登厥官或以公
包口詞門也因假開
喻是究音談以實明
宗非差別行其道流
也默論參玄深視見

聖始作泜於不皇道
決策謀府經德智囊
而日月有除霧露成
疾莫可救藥誰能度
思嗚呼春秋六十六
督賵布絹四百端匹

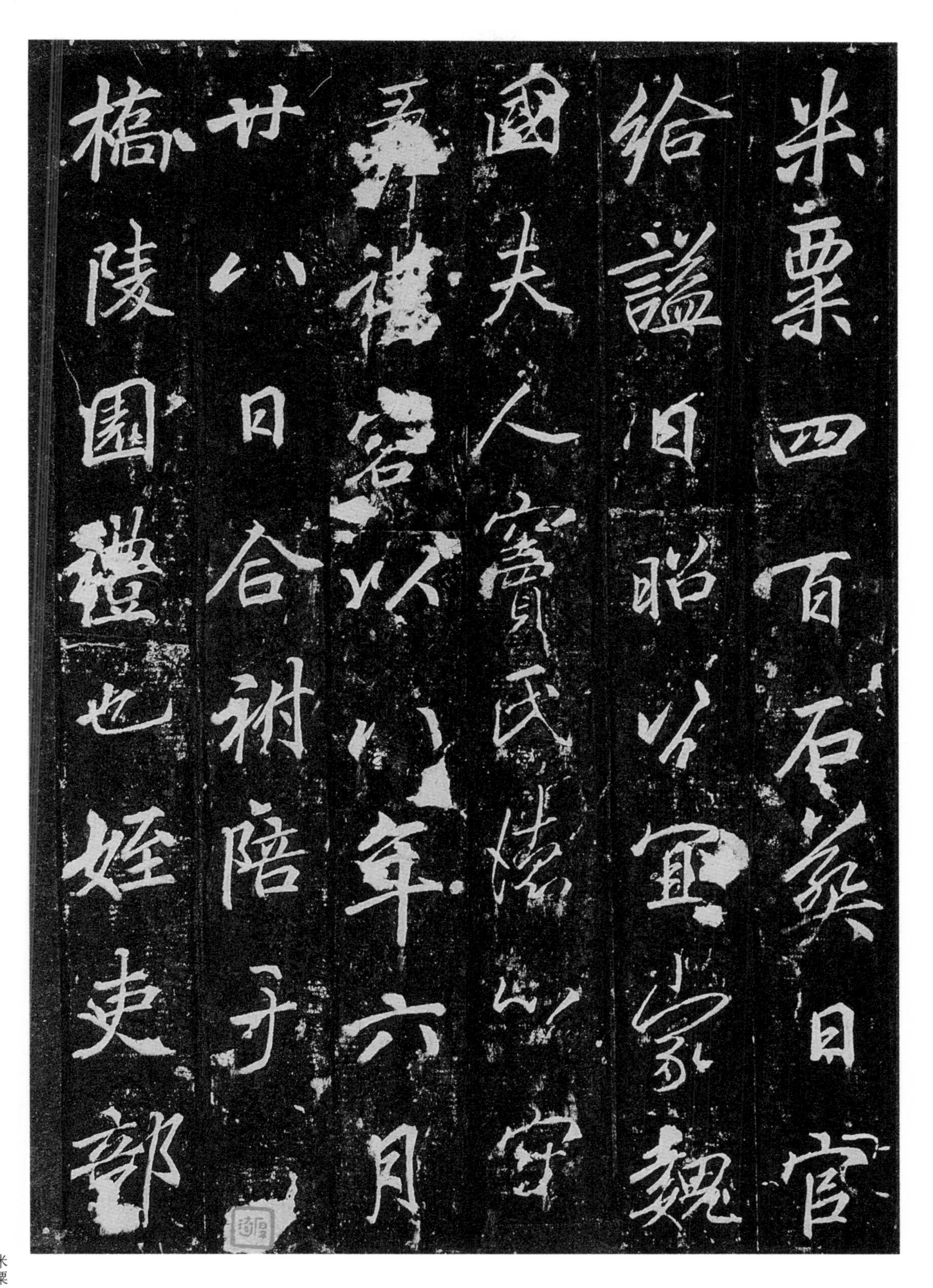

米粟四百石葬日官
給謚曰昭公宜家魏
國夫人竇氏懷心守
彝禮容以八年六月
廿八日合祔陪於
橋陵園禮也姪吏部

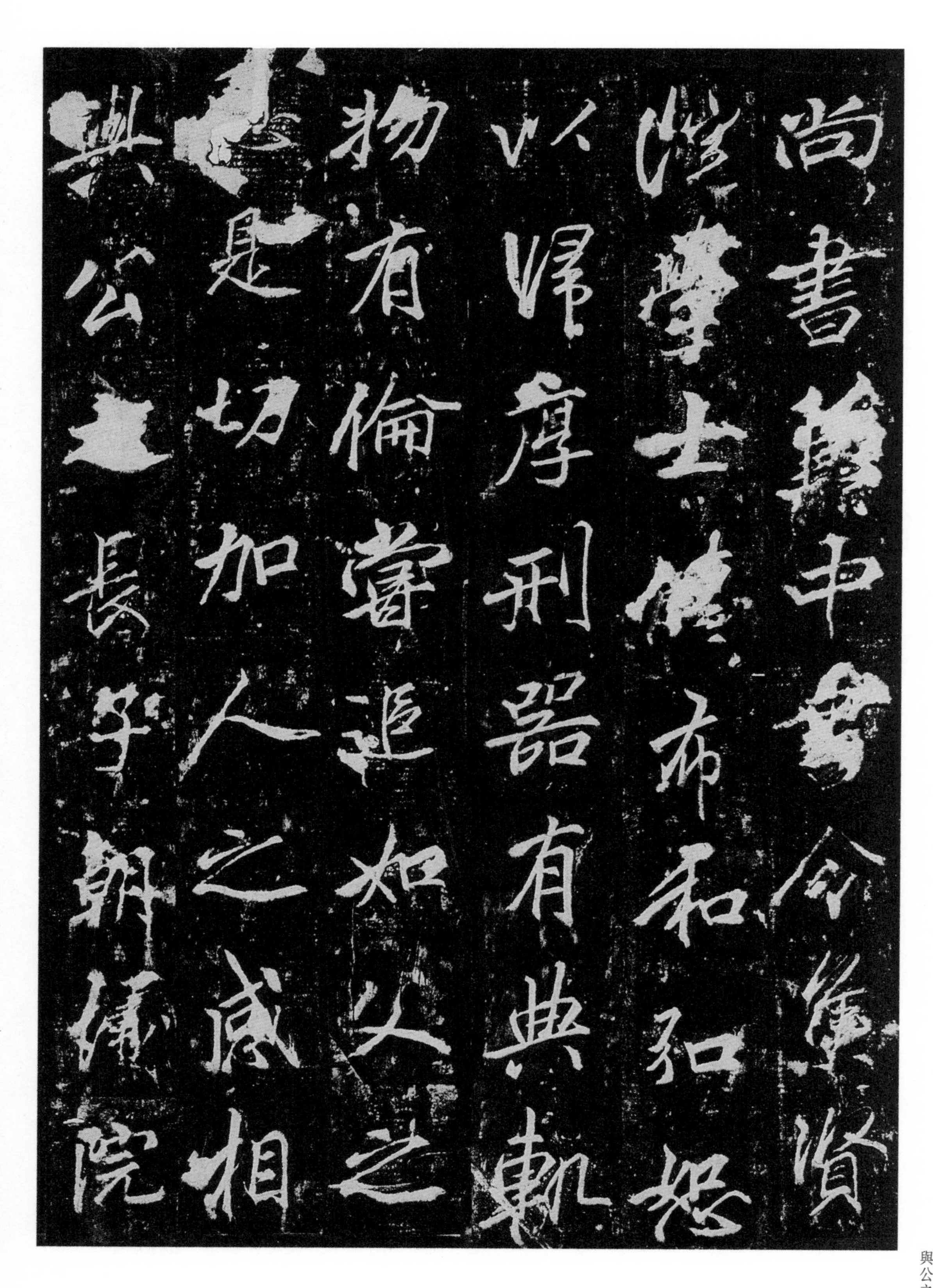

尚書兼中書令集賢
院學士口布和弘恕
以歸厚刑器有典軌
物有倫嘗追如父之
恩是切加人之感相
與公之長子朝儀院

昭道等並才名用譽
業尚居多至性純深
終天孔亟嘗恐竹簡
紀事未極聲華石字
形言麟定時秀人才
國工詩書樂地典禮

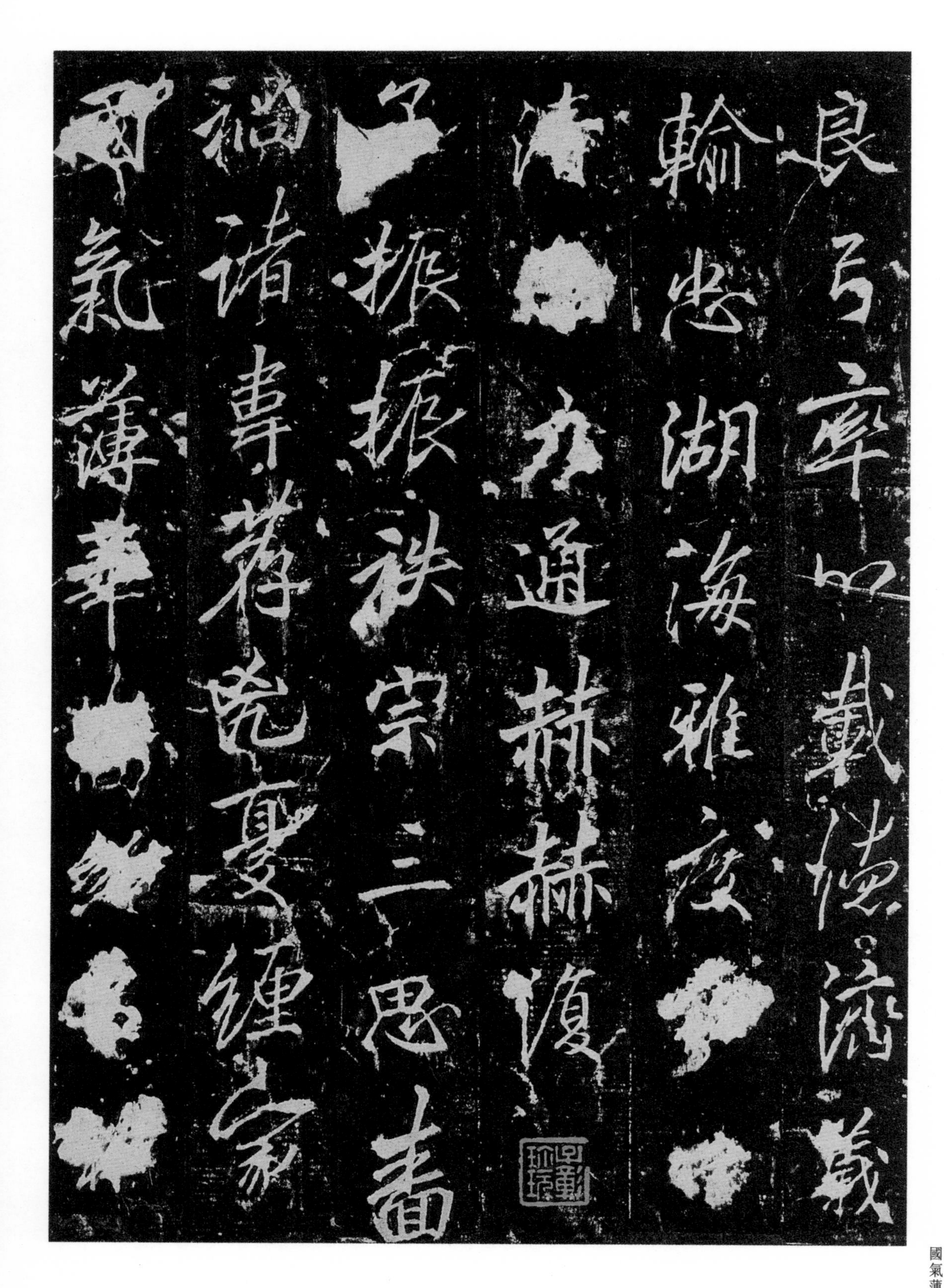

良弓率心載德濟義
輸忠湖海雅度□□
清□□通赫赫復
子振振袟宗三思畜
禍諸韋薦兕憂纏家
國氣薄華□□□□

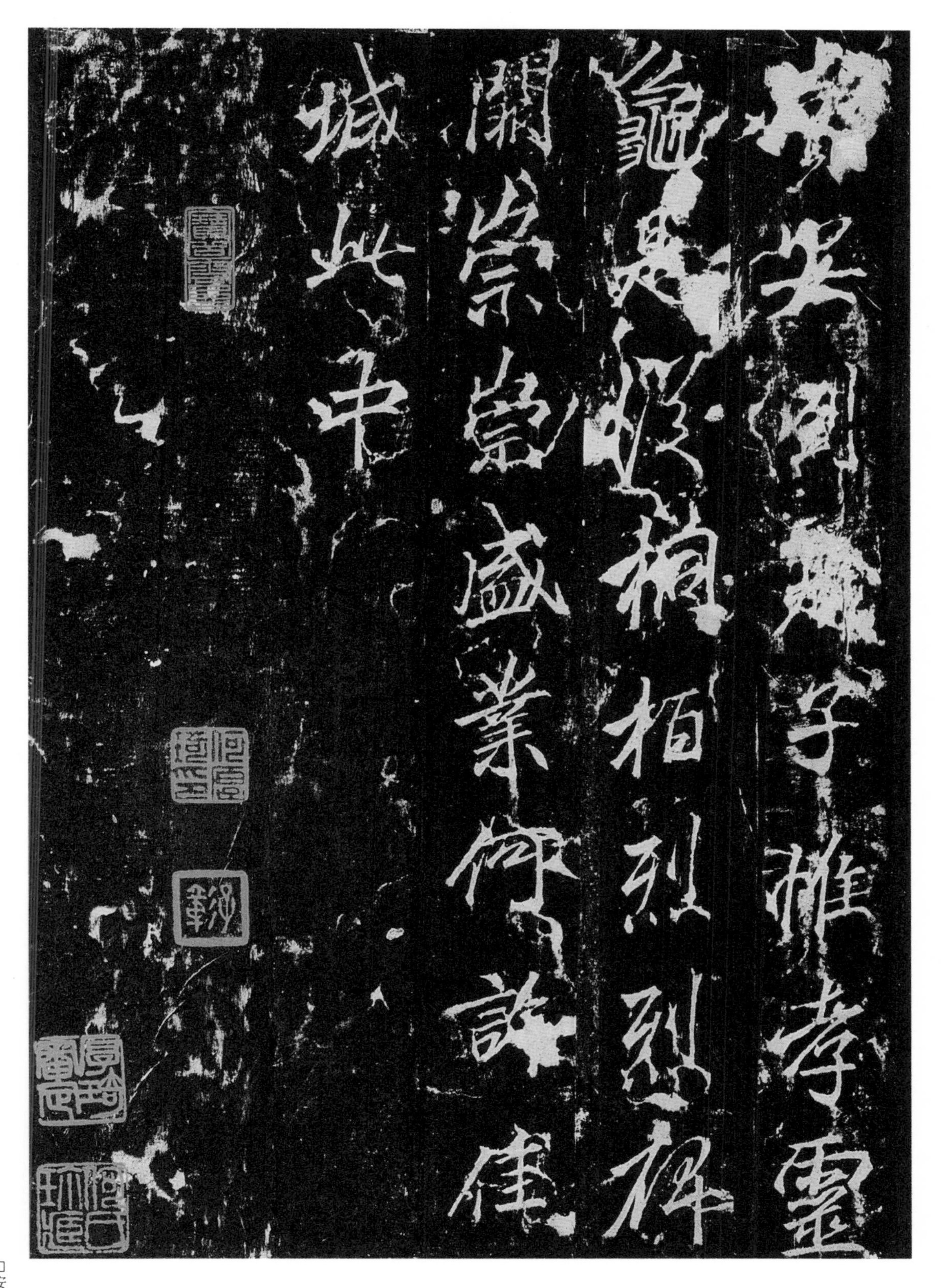

□安□□子惟孝靈
龜是從桐柏烈烈碑
闕崇崇盛業何許佳
城此中

民國四年六月念四敘于奉天旅署 [illegible]

雲麾碑予凡見五本一茹古香本爲景樸孫所藏一毛意香本
爲羅叔蘊所藏一梁茝林本爲顧韵伯所藏一達德周氏本一
即此本也周氏本在當時號稱第一本帚墨拓手洵較景羅
梁顧三家所藏者爲佳然亦不免描失一二且精應衆藝之
義字泐痕已微麤獷不能謂非缺陷也今此本未經前賢鑒
藏祇霜后何子彰弆之數年於前後徧加惡印未免白璧
之瑕其帖首一印曰寶嶽雲齋者即指此碑又原宋本
林山碑而言林山本碑今歸其族弟何雅儂此碑由奉
天賈人持來燕市蒙雲堂張彥生以善價爲予收之每
行凡三十六字通體完好精神奕奕字口如新發于硎
突過所見諸本之上不僅以考證完備與他本較一日之長
也予去年以宋本天發神讖及明拓曹全碑易富晃之寶
及今懊悔不已此碑見歸聚者墨緣聚散亦因時爲消
長耶林山善本予素所欽遲者備天假之緣予嘗
以雲麾爲字館不免蹈襲前人然黃長睿雲林倪
瓚亦效之以此爲例之庶可傳矣宋人有雲麾灣抄
按題籤爲粵東梁文忠筆所稱意園爲盛伯羲祭酒
梁曾與盛同官京朝可證當有據果爾則可稱爲意園
本也矣沈子培跋謂關齋本謂福山王文敏有此碑善本曾見之文
敏與意園祭酒同時沈亦與意園談者何不及此本耶

10

宋拓　張從申書李玄靜碑

唐

頁縱二十五·八厘米　橫十七·五厘米　二十六頁

Inscription on stele of Li Xuanjing

Written by Zhang Congshen, Tang Dynasty

Rubbings of Song Dynasty

Mounted album of 26 leaves

Each leaf: 25.8 × 17.5cm

挖鑲剪裱裝冊。封面寶熙題簽，封內王鐸題簽，後有寶熙題跋，沈曾植詩，陳寶菠、朱益藩、張偉、趙世俊觀款。

《李玄靜碑》立於唐大曆七年（七七二），柳識撰文，張從申書，李陽冰篆額。碑原在江蘇句容玉晨觀，明嘉靖三年（一五二四）毀。

張從申，唐吳郡（今江蘇蘇州）人，大曆進士，歷檢校禮部員外郎，入大理司直。學王羲之書，擅楷、行書。黃伯思《東觀餘論》云：「從申書雖學右軍，其源出大令，筆意與李北海同科，故名重一時，宜不虛得。但所短者抑揚低昂太過，又真不及行耳。然唐人有晉韻，殊可嘉尚。」陳思《書小史》云：從申「弟從師，監察御史。從義，從約，卓然有才，並工書，皆得右軍風規，時人謂之『張氏四龍』。」宋趙明誠《金石錄》載張從申碑有七通：《玄靜先生碑》、《法慎律師碑》、《鏡智禪師碑》、《怪石銘》、《王師乾碑》、《重修延陵季子廟碑》、《漢黃公碑》。今存碑拓只有此《李玄靜碑》，另有張照、杜筱舫題跋本，藏國家圖書館，費屺懷舊藏本，藏上海博物館。

李玄靜原名李含光（六八二—七六九），號貞隱先生，唐廣陵江都（今江蘇揚州）人。精黃老之術，曾居陽臺觀。玄宗曾向其請道法，賜號玄靜先生。著有《周易義略》、《老莊學記》、《三玄異同論》等。

《李玄靜碑》拓本存世極少，此為早期精拓本，筆畫精彩，紙墨俱佳，誠可寶貴。

鑒藏印記：「沈庵墨緣」、「子敬又印」、「寶熙長壽」等印。

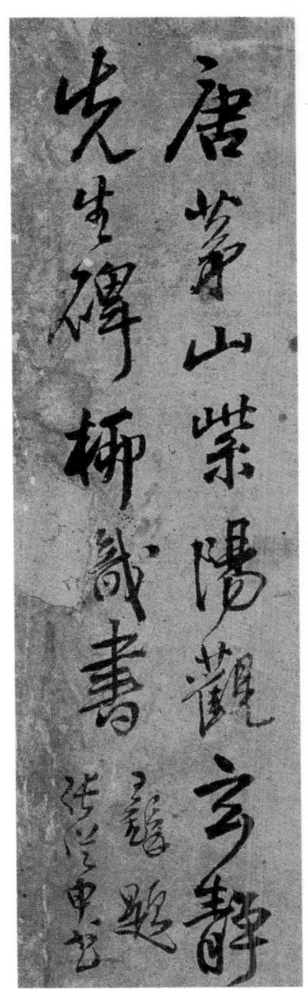

唐茅山紫陽觀玄
靜先生碑并序
祕書郎河東柳
識撰大理司
直吳郡張從申

釋文：

唐茅山紫陽觀玄／靜先生碑並序／祕書郎河東柳／識撰大理司／直吳郡張從申

書李陽冰／篆額／道門華陽亦儒門／洙泗蓋玄化振於／此也白日登升有

西漢茅氏兄弟隱／景遁化有東晉許／氏一門襲明沖用／以闡道風有梁貞／白先生唐玄靜先

生開元中玄宗／禮請尊師而問理／化對曰道德經君／王師也昔漢文帝／行其言仁壽天下

次問金鼎對曰道／德公也輕舉公中／私也時現其私聖／人存教若求生徇／欲則似繫風上

悅因加玄靜之稱
無何固以疾辭東
還句曲先生諱含
光本姓弘則大
諱弘改為李氏考

悅因加玄靜之稱／無何固以疾辭東／還句曲先生諱含／光本姓弘則大／諱弘改為李氏考

孝威州里號貞隱／先生家本醇儒晉／陵人也夫性與道／妙則真有運無古／之學者離有得有

不外歎馳景而內／觀馳心不遠望化／金而近思化欲今／之學者多見反是／若乃行於真理宿

然觀妙先示正性／發明宗元則玄靜／其人也年十三辭／家奉道端視清受／慈向蠢類闔室之

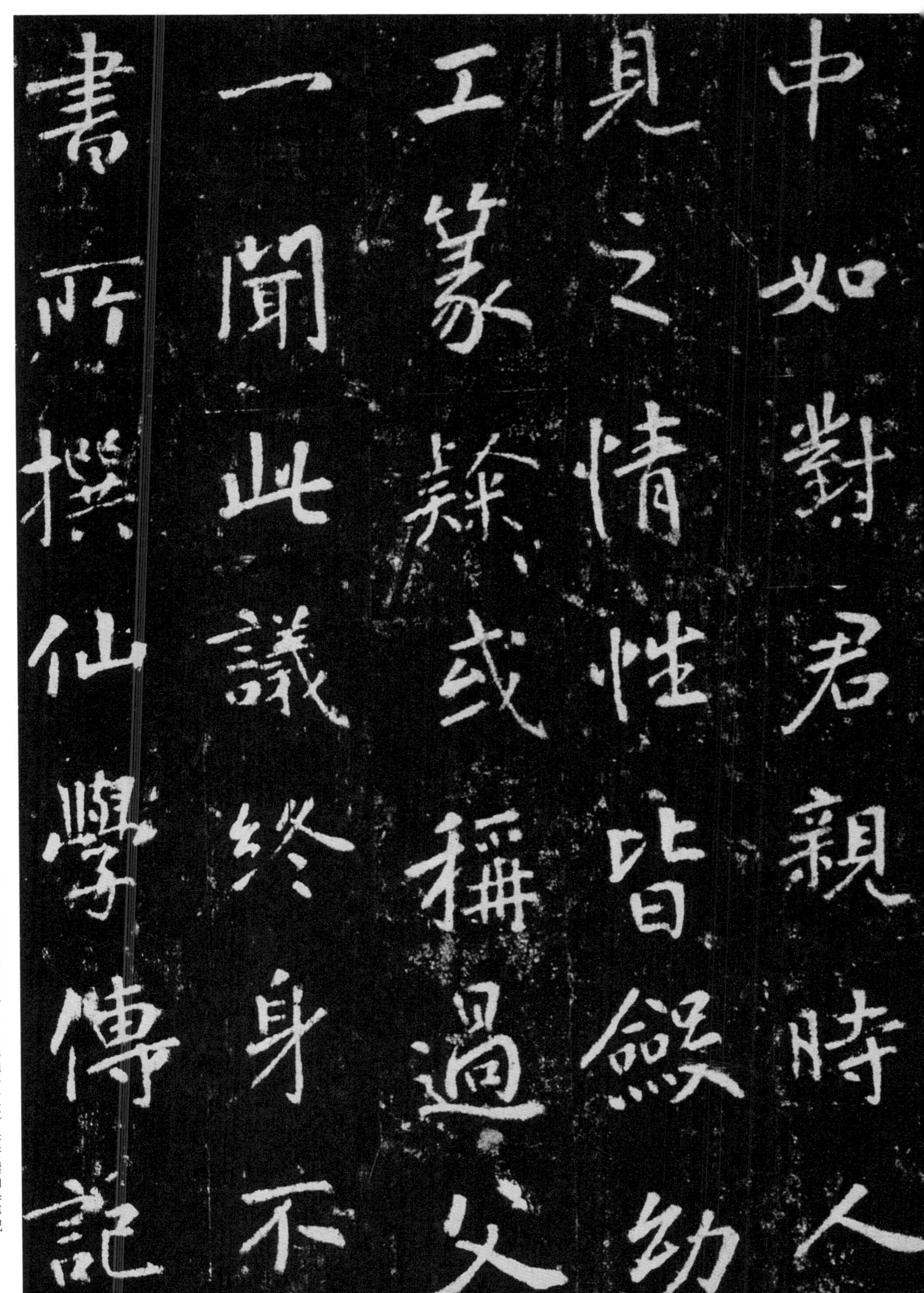

中如對君親時人／見之情性皆斂幼／工篆隸或稱過父／一聞此議終身不／書所撰仙學傳記

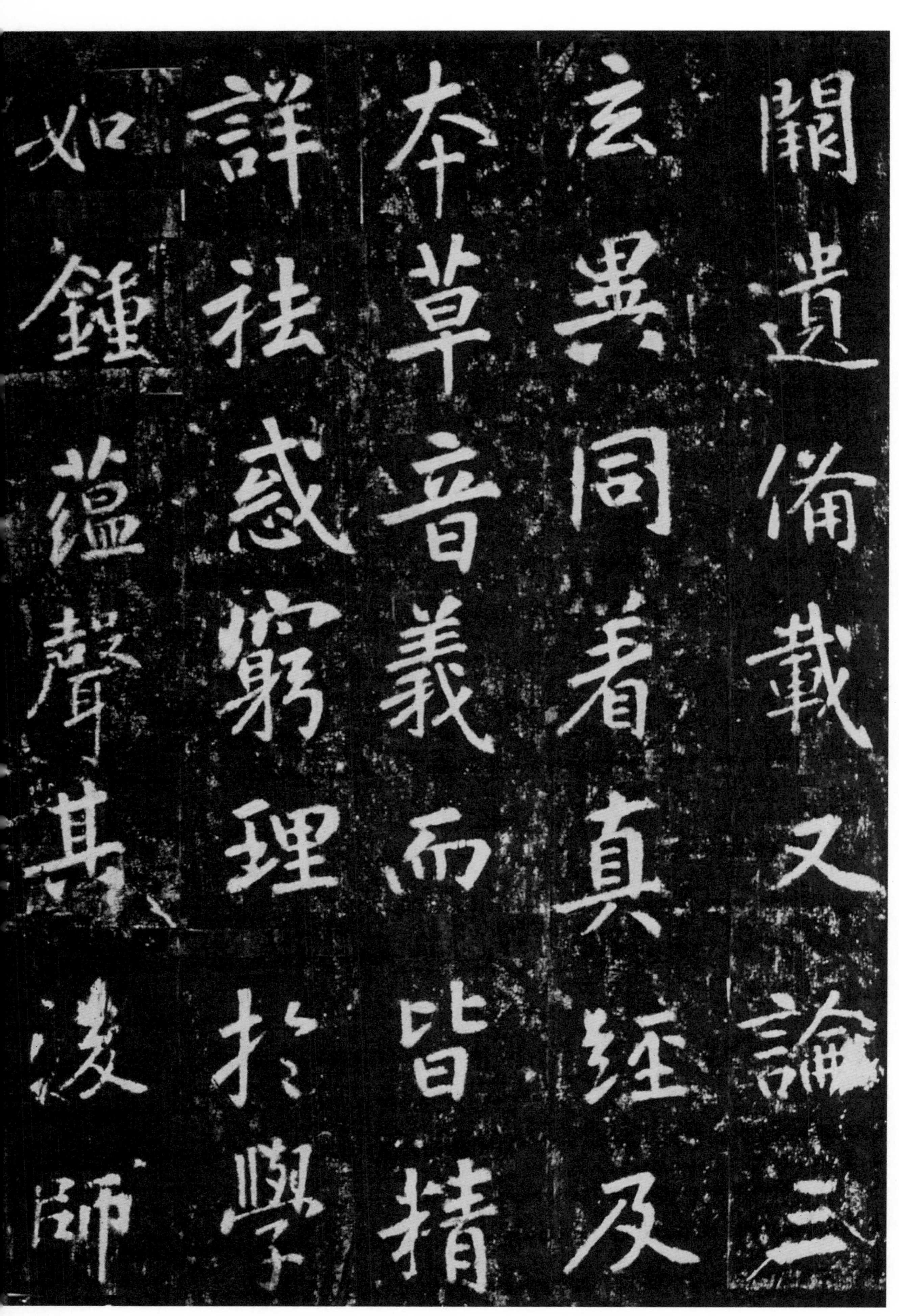

闕遺備載又論三／玄異同着真經及／本草音義而皆精／詳祛惑窮理於學／如鍾蘊聲其後師

事華蓋峰司馬君／雲篆寶書傾囊傳／授既而目之曰真／玉清之客抱虛無／而行功者與道不

窮託幽皐而滅跡／者於德亦淺承之／自遠宜且救人於／是引後學升堂稟／玄訓也先生元氣

不散瑤圖虛映達／靈已久晦曜為常／動非用開靜非默／問當吹萬之會若／得一之初應跡可

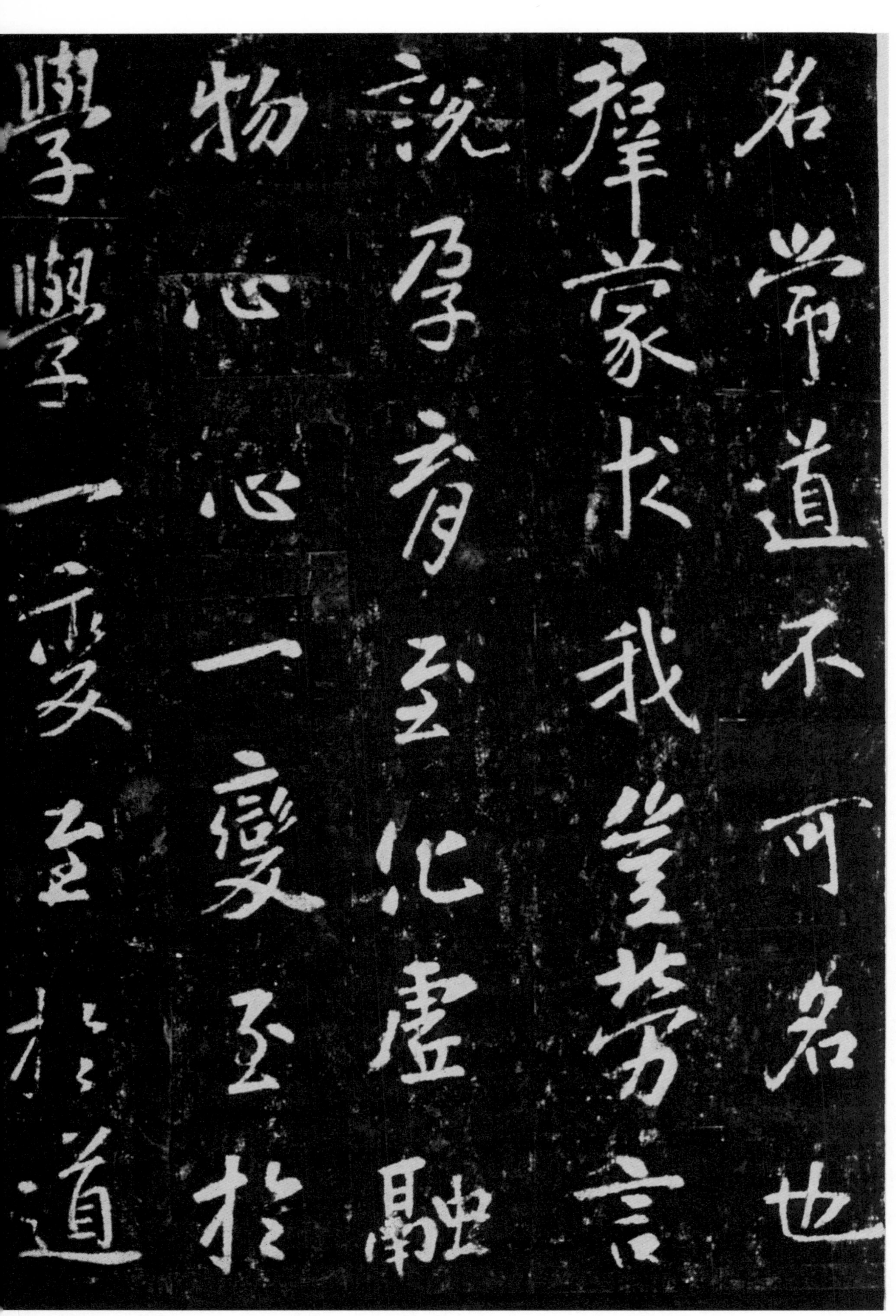

名常道不可名也／羣蒙求我豈勞言／說孕育至化虛融／物心心一變至於／學學一變至於道

同淑氣自來得之／不見所以摳衣而／進無有遠邇仰範／元和茂姿全性者／若秋芳之依層巘

夏潦之會通川也／先生忘情於身而／慈於人禎祥屢應／視同眾象士庶諮／詢色授其意常令

章壇閈院醮火擇
薪精微誠敬率皆
此類曩者天書
繼至務欲尊崇及
公卿祈請信無虛

章壇閈院醮火擇／薪精微誠敬率皆／此類曩者天書／繼至務欲尊崇及／公卿祈請信無虛

月卒使玄門之中／轉見真樸持慈儉／之寶歸羲皇之風／至矣哉我師教也／大曆四年冬十一

月顧謂入室弟子／道士韋景昭孟湛／然曰吾將順化神／氣恬然若坐忘長／德時年八十七靈

雲降室執簡如生／據真經斯迺秉化／自由仙階深妙者／也門人等以為醴／泉之味飲者始知

我師之道學久方／見願敘真宗以示／於後忝曾遊道敢／述玄風文曰／古有強名元精希

夷皇帝遺之先生／得之縱心而往與／一相隨真性所容／太無同規日行仙／路不語到時人言

萬靈我見常姿／玄宗仰止徵就京／師紫極徒貴白雲／不知遐方後學來／往怡怡空有多門

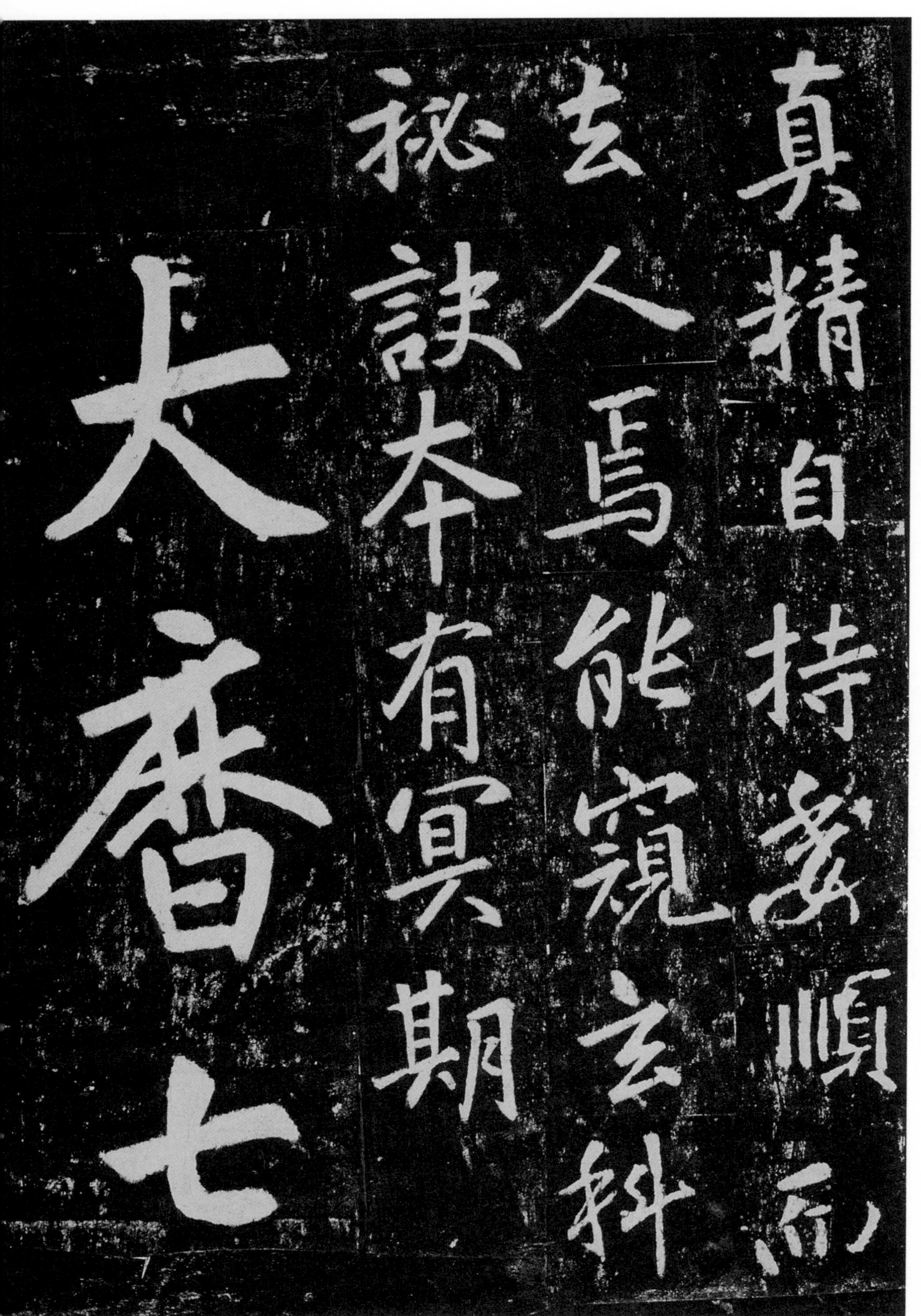

真精自持委順而／去人焉能窺玄科／祕訣本有冥期／大曆七

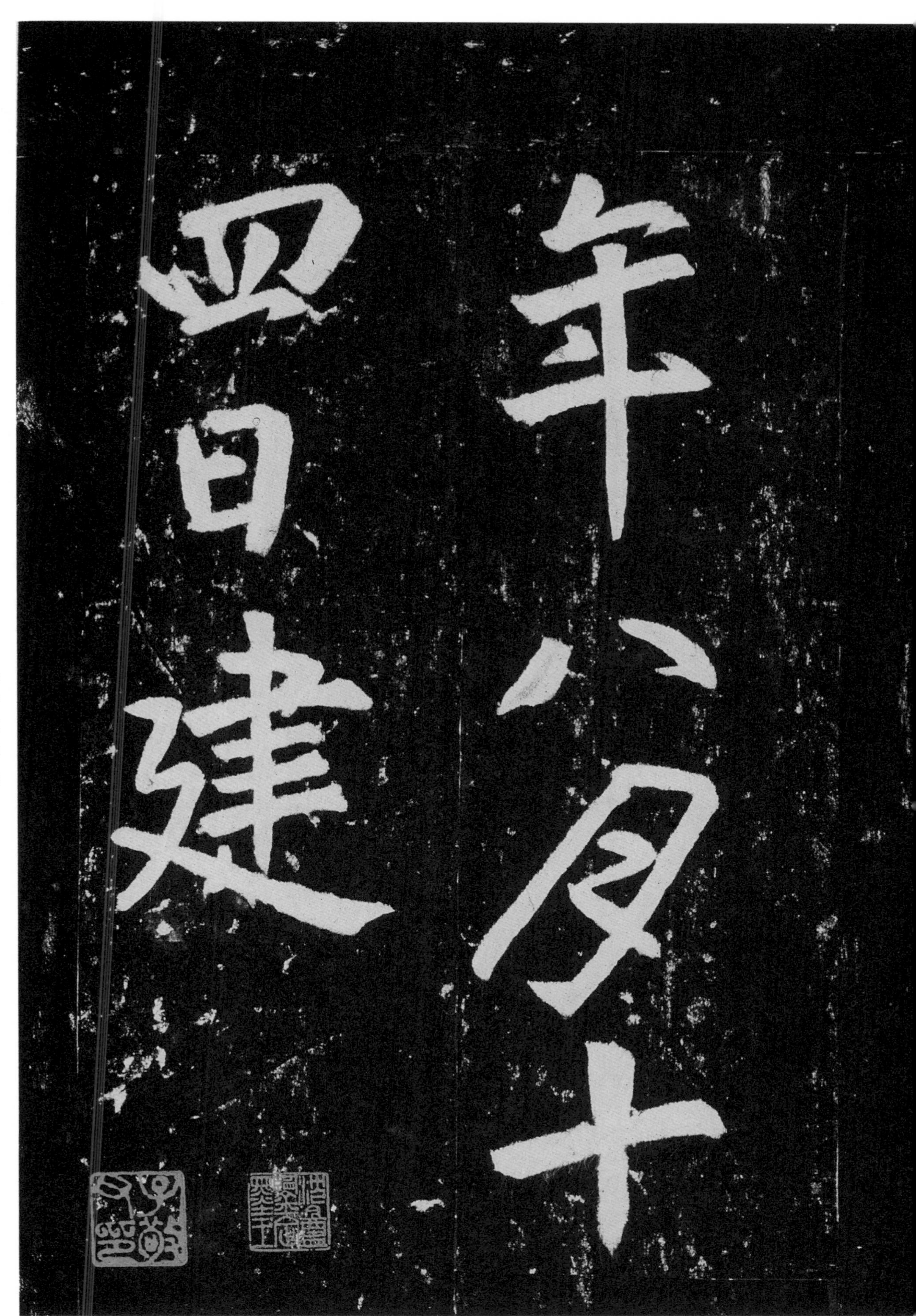

年八月十／四日建

搖管抽為韋氏遂龍蟄之雲氣世知太湖精在
二張芝顏作郎官陝刻思 績兩書林真已拓張
將古墨遺龢惹何年鉛勘羅家本張望天東玉尚
樸
丁巳夏日避暑埭陰節 碩山尚書題 寐叟

丁巳八月廿七日閱陳寶琛弢盦蓮花朱益藩艾卿固始
張瑋傚彬南豐趙世駿聲伯同觀

張氏四龍司直最擅書譽其三人書傳世甚希趙明誠金
石錄載司直所書碑多至七八通而茅山玄靖法師碑最
烜赫在人耳目間集古錄則僅著錄一二耳歐公有不知
書之譏此碑與魯公所書玄靖法師碑先後均毀故流
傳絕少生平所見沈張叔未沈韵初兩家所藏本并此
而三而已前人謂司直無書碑李陽冰多為之篆額
因有二絕之稱蓋唐行書中之極得名者宜其遠
近稱善獨步江外也是本氈蠟精湛紙墨滄古
元以前拓本無疑當以墨王目之 玄靜誤作玄靖 碩山誌 時戊午春日

丁巳年五月張勳復辟之難沈
曾植被召為學部尚書與正復辟敗
後沈在京避匿時也古墨新懸聯印楷
此沈師子培晚字寐叟

實在前清時曾為
學付未為尚書不知何以
謨孫題又丁 壬申中秋